Easy cook

hachette
CUISINE

Sommaire

Soupe de tomates cuites aux perles du Japon

POUR 4 PERSONNES
PRÉPARATION : 10 MIN
CUISSON : 30 MIN
DIFFICULTÉ : FACILE
COÛT : BON MARCHÉ

- *800 g de tomates*
- *1 gousse d'ail*
- *1 échalote*
- *3 cuil. à soupe d'huile d'olive*
- *1 tablette de bouillon de légumes*
- *4 cuil. à café de perles du Japon (tapioca en billes – dans les épiceries asiatiques)*
- *4 cuil. à café de crème fraîche épaisse*
- *Sel, poivre*

Matériel
- *Mixeur plongeant*

■ Épluchez et hachez l'ail et l'échalote. Ébouillantez les tomates puis épluchez-les. Hachez-les grossièrement.

■ Dans une grande casserole, faites revenir l'ail et l'échalote dans l'huile chaude. Laissez cuire 5 min en remuant fréquemment. Versez alors les tomates concassées et la tablette de bouillon de légumes. Salez, poivrez et couvrez d'eau. Portez à ébullition, puis laissez cuire pendant 15 min.

■ Pendant ce temps, faites cuire les perles du Japon dans une casserole d'eau bouillante salée. Elles sont cuites lorsqu'elles deviennent translucides et qu'elles sont moelleuses. Comptez à peu près 15 min. Égouttez-les.

■ Mixez longuement votre soupe. Répartissez-la dans 4 assiettes à soupe, décorez avec 1 cuil. à café de crème fraîche et saupoudrez de perles du Japon.

CONSEIL

Si vous possédez des colorants alimentaires jaunes ou verts, utilisez-les pour colorer les perles du Japon lors de la cuisson.

POUR 4 PERSONNES
PRÉPARATION : 10 MIN
CUISSON : 10 MIN
DIFFICULTÉ : FACILE
COÛT : BON MARCHÉ

Chips de légumes

- *1 betterave crue*
- *1 navet*
- *1 panais*
- *1 pomme de terre*
- *Huile de friture*
- *Fleur de sel*

■ Épluchez et nettoyez la betterave, le navet, le panais et la pomme de terre. À l'aide d'une mandoline ou d'un couteau bien aiguisé, coupez en fines tranches les légumes.

■ Dans l'huile chaude, mais surtout pas fumante, plongez les légumes 4 à 5 min afin de juste les faire cuire. Retirez-les de la casserole, égouttez-les et augmentez la température de l'huile en augmentant la puissance du feu.

■ Replongez les légumes pour, cette fois-ci, les faire dorer pendant 3 à 4 min. Sortez-les à nouveau, égouttez-les sur du papier absorbant et saupoudrez de fleur de sel avant de servir.

CONSEIL

Vous pouvez aussi utiliser un couteau économe pour faire les chips. Pour cela, remplacez simplement votre couteau par un couteau économe et coupez de fines tranches de légumes.

POUR 4 PERSONNES
PRÉPARATION : 10 MIN
CUISSON : 15 MIN
DIFFICULTÉ : FACILE
COÛT : BON MARCHÉ

Pancakes au maïs et à la coriandre

- *1 boite de maïs*
- *10 brins de coriandre*
- *250 g de farine*
- *1 sachet de levure chimique*
- *2 œufs extra frais*
- *25 cl de lait frais*
- *2 cuil. à soupe d'huile végétale*
- *Sel, poivre*

■ Égouttez le maïs, effeuillez et hachez la coriandre.

■ Dans un saladier, tamisez ensemble la farine et la levure. Dans un grand bol, fouettez les œufs avec le lait et l'huile. Versez ensuite ce mélange sans cesser de mélanger sur la farine afin d'éviter la formation de grumeaux. Lorsque la pâte est bien fluide, ajoutez-y le maïs et la coriandre.

■ Dans une poêle antiadhésive, faites cuire les pancakes en versant des petites louches de pâte bien espacées. Lorsque de petites bulles apparaissent à la surface, retournez-les et poursuivez la cuisson 2 à 3 min. Servez les pancakes chauds.

CONSEIL

Vous pouvez bien sûr préparer les pancakes à l'avance et les faire réchauffer au micro-ondes à la dernière minute.

POUR 4 PERSONNES
PRÉPARATION : 15 MIN
CUISSON : 15 MIN
DIFFICULTÉ : FACILE
COÛT : BON MARCHÉ

Salade de lentilles au saumon fumé

- *200 g de lentilles corail*
- *10 brins d'aneth*
- *1 cuil. à café de moutarde douce*
- *2 cuil. à soupe de vinaigre blanc*
- *6 cuil. à soupe d'huile végétale*
- *4 tranches de saumon fumé*
- *1 cuil. à café de baies roses*
- *Sel, poivre*

■ Nettoyez les lentilles et mettez-les dans une casserole remplie d'eau froide salée. Portez à ébullition et laissez cuire 12 à 15 min. Les lentilles doivent être moelleuses mais ne pas se transformer en purée. Égouttez-les et rafraîchissez-les rapidement.

■ Effeuillez et hachez l'aneth. Mélangez-le dans un bol avec la moutarde, le vinaigre, l'huile, du sel et du poivre. Découpez le saumon en petits cubes.

■ Lorsque les lentilles sont froides, mélangez avec le saumon, les baies roses et la sauce.

VARIANTES

Vous pouvez bien sûr réaliser cette recette avec des lentilles vertes. Vous pouvez aussi ajouter des petits morceaux de tomates et des petits dés de carotte. Si vos enfants aiment les plats relevés, ajoutez une touche de gingembre.

POUR 4 PERSONNES
PRÉPARATION : 15 MIN
REPOS : 30 MIN
DIFFICULTÉ : FACILE
COÛT : BON MARCHÉ

Salade de sardines, de concombre et de pommes

- *2 concombres*
- *1 boîte de sardines*
  à l'huile
- *½ botte de ciboulette*
- *1 yaourt*
- *1 cuil. à café de moutarde*
  douce
- *1 pomme verte*
- *Sel, poivre*

Matériel
- *Râpe*
- *Tamis ou passoire*

■ Épluchez les concombres, coupez-les en deux dans le sens de la longueur et retirez les graines se trouvant à l'intérieur à l'aide d'une cuillère. Râpez ensuite finement la chair et mettez-la dans le tamis avec un peu de sel fin. Laissez reposer 30 min.

■ Égouttez les sardines. Hachez la ciboulette et mélangez-la avec le yaourt, la moutarde, du sel et du poivre. Épluchez la pomme, découpez-la en quartiers, retirez le cœur puis râpez-la avant de la mélanger avec la sauce au yaourt.

■ Pour finir, mélangez le concombre avec la sauce et les sardines. Gardez au frais jusqu'au moment de servir.

CONSEIL

Vous pouvez ajouter un peu de céleri branche ou en feuilles dans cette salade.

POUR 6 PERSONNES
PRÉPARATION : 20 MIN
CUISSON : 50 MIN
DIFFICULTÉ : FACILE
COÛT : RAISONNABLE

Cake à la mozzarella et aux figues

- *20 petites billes de mozzarella*
- *150 g de figues sèches*
- *3 œufs*
- *10 cl de lait*
- *100 g de gruyère râpé*
- *200 g de farine + 10 g pour le moule*
- *1 sachet de levure chimique*
- *10 cl d'huile d'olive*
- *15 g de beurre pour le moule*

■ Préchauffez le four à 160 °C (th. 5-6). Beurrez et farinez le moule, puis laissez-le au réfrigérateur le temps de réaliser la pâte. Coupez les figues en lanières.

■ Versez la farine et la levure dans une jatte, puis ajoutez les œufs, l'huile et le lait. Mélangez jusqu'à obtention d'une préparation homogène.

■ Incorporez le gruyère, puis ajoutez délicatement la mozzarella et les figues. Versez la préparation dans le moule et enfournez pour 50 min.

POUR 6 PERSONNES
PRÉPARATION : 15 MIN
CUISSON : 50 MIN
DIFFICULTÉ : FACILE
COÛT : UN PEU CHER

Cake tomates séchées et parmesan

- *150 g de tomates séchées en pétales*
- *200 g de parmesan fraîchement râpé*
- *3 œufs*
- *10 cl de lait*
- *200 g de farine + 10 g pour le moule*
- *1 sachet de levure chimique*
- *10 cl d'huile d'olive*
- *15 g de beurre pour le moule*

■ Préchauffez le four à 160 °C (th. 5-6). Beurrez et farinez le moule, puis placez-le au réfrigérateur.

■ Versez la farine et la levure dans une jatte, puis ajoutez les œufs, l'huile et le lait. Mélangez jusqu'à obtention d'une préparation homogène.

■ Incorporez le parmesan, puis ajoutez délicatement les tomates séchées. Versez la préparation dans le moule et enfournez pour 50 min.

POUR 4 PERSONNES
PRÉPARATION : 10 MIN
CUISSON : 15 MIN
DIFFICULTÉ : FACILE
COÛT : BON MARCHÉ

Œufs cocotte au fromage

- *8 œufs extra-frais*
- *40 g de beurre*
- *30 cl de crème fraîche épaisse*
- *80 g de comté*
- *2 pincées de noix muscade*
- *Sel, poivre*

▧ Beurrez généreusement huit ramequins. Dans une casserole, mettez la crème fraîche et faites-la chauffer sur feu moyen. Ajoutez le sel, le poivre et la noix muscade. Râpez le fromage.

▧ Répartissez 1 cuil. à café de crème dans chaque ramequin. Cassez par-dessus 1 œuf, salez, poivrez, mettez un peu de fromage râpé puis recouvrez du reste de crème fraîche. Disposez vos ramequins dans un plat allant au four, rempli à moitié d'eau bouillante et enfournez à 180 °C (th. 6) 10 min. Sortez le plat du four et servez aussitôt.

VARIANTES

Vous pouvez adapter cette recette en ajoutant dans la crème des herbes fraîches hachées (estragon, ciboulette ou cerfeuil), des champignons de Paris coupés en fines tranches et cuits au beurre, des épices (du curry, du colombo ou du tandoori), de la ratatouille, des œufs de saumon, des lardons...

CONSEIL

Si vous le pouvez, achetez de la noix muscade entière que vous râperez juste avant de l'utiliser.

UNE IDÉE DE MENU ÉQUILIBRÉ

Les œufs cocotte avec un peu de pain grillé, des crudités et un laitage.

POUR 8 PERSONNES
PRÉPARATION : 30 MIN
CUISSON : 40 MIN
DIFFICULTÉ : TRÈS FACILE
COÛT : BON MARCHÉ

Salade niçoise

- *600 g de pommes de terre*
- *600 g de haricots verts*
- *4 tomates bien mûres*
- *1 poivron vert*
- *2 œufs*
- *1 laitue*
- *16 olives noires*
- *300 g de thon à l'huile*
- *16 filets d'anchois*

Pour la vinaigrette à l'huile d'olive et au citron
- *Le jus de 1 citron*
- *10 cuil. à soupe d'huile d'olive*
- *Sel et poivre du moulin*

■ Nettoyez, épluchez et faites cuire les pommes de terre dans de l'eau salée pendant 20 min. Nettoyez, équeutez et faites cuire les haricots verts pendant 5 à 10 min dans de l'eau salée (ils doivent rester croquants). Retirez les pédoncules des tomates et plongez-les 1 min dans de l'eau bouillante. Passez-les sous l'eau froide et épluchez-les. Égouttez les haricots et les pommes de terre. Retirez le pédoncule et les graines du poivron.

■ Faites cuire les œufs pendant 5 min dans de l'eau bouillante. Épluchez-les. Nettoyez la laitue. Dénoyautez les olives. Coupez les pommes de terre en rondelles de 3 mm environ. Coupez les poivrons en bâtonnets, puis les œufs et les tomates en quartiers.

■ Dans un grand plat, disposez la laitue. Puis faites des tas avec les ingrédients suivants : pommes de terre, haricots verts, tomates, thon à l'huile, poivrons. Répartissez ensuite les œufs, les olives et les anchois.

■ Préparez la vinaigrette. Émulsionnez les ingrédients dans un bol à l'aide d'une fourchette. Versez sur la salade. Dégustez.

POUR 8 PERSONNES
PRÉPARATION : 25 MIN
CUISSON : 25 MIN
DIFFICULTÉ : TRÈS FACILE
COÛT : BON MARCHÉ

Salade du chef parisien

- 800 g de pommes de terre
- 8 œufs
- 2 laitues
- 400 g de jambon blanc
- 200 g d'emmental, de gruyère ou de comté
- 1 botte de ciboulette
- 400 g de tomates cerise

Pour la vinaigrette
- 4 cuil. à soupe de vinaigre de vin
- 1 cuil. à soupe de moutarde
- 12 cuil. à soupe d'huile de tournesol ou d'arachide
- Sel, poivre

■ Nettoyez, épluchez et faites cuire les pommes de terre dans de l'eau salée pendant 20 min. Faites cuire les œufs dans de l'eau bouillante pendant 5 min. Rafraîchissez-les, épluchez-les et coupez-les en quatre.

■ Coupez les pommes de terre en rondelles. Lavez les laitues. Coupez le jambon et le fromage en dés. Coupez la ciboulette en bâtonnets.

■ Dans de grandes assiettes, répartissez la laitue. Ajoutez les dés de fromage et de jambon, les pommes de terre, les tomates cerise, 1 œuf par assiette et, pour finir, saupoudrez de bâtonnets de ciboulette. Mélangez tous les ingrédients de la vinaigrette et assaisonnez.

VARIANTES

Si vous préférez cette salade avec des accents régionaux, remplacez le jambon et le fromage par du jambon cru et du cantal pour qu'elle soit auvergnate, par du lard et du munster pour qu'elle soit alsacienne, par du fromage de chèvre sec et de la coppa pour qu'elle soit du Sud et, enfin, par de l'andouille de Guéméné et du Campeneac pour qu'elle soit bretonne… Libre à vous de choisir la région qui vous plaît pour personnaliser votre salade.

POUR 8 PERSONNES
PRÉPARATION : 20 MIN
CUISSON : 25 MIN
DIFFICULTÉ : TRÈS FACILE
COÛT : BON MARCHÉ

Salade de potiron, amandes et chèvre

- *1 kg de potiron ou potimarron*
- *500 g de mélange de salade (pousses d'épinards, roquette, mâche, feuille de chêne, rougette…)*
- *3 fromages de chèvre secs type pélardon ou crottin de Chavignol*
- *100 g d'amandes effilées*
- *20 g de beurre*
- *Sel et poivre*

Pour la vinaigrette
- *4 cuil. à soupe de vinaigre de vin*
- *1 cuil. à soupe de moutarde*
- *4 cuil. à soupe d'huile de tournesol ou d'arachide*
- *8 cuil. à soupe d'huile de noix*
- *Sel, poivre*

■ Épluchez et découpez le potiron en cubes de 2 cm. Nettoyez et essorez la salade. Coupez les fromages en deux. Dans une poêle sans matière grasse et à feu doux, faites griller les amandes sans qu'elles noircissent.

■ Dans une autre grande poêle, faites fondre le beurre. Quand il est bien chaud, versez le potiron, salez, poivrez et laissez cuire jusqu'à ce que les morceaux soient bien grillés sur tous les côtés (comptez environ 15 à 20 min de cuisson ; quand vous y plantez un couteau, il doit s'enfoncer sans résistance). Laissez ensuite tiédir le potiron.

■ Répartissez la salade dans de grandes assiettes. Posez les morceaux de potiron dessus. Assaisonnez avec la vinaigrette et saupoudrez avec les amandes effilées. À l'aide d'une râpe à légumes fine, râpez du fromage de chèvre au-dessus de chaque assiette. Servez aussitôt avec une tranche de pain grillée.

POUR 4 PERSONNES
PRÉPARATION : 20 MIN
CUISSON : 30 MIN
DIFFICULTÉ : FACILE
COÛT : BON MARCHÉ

Soupe de légumes classique

- *3 carottes*
- *1 navet*
- *1 poireau*
- *1 branche de céleri*
- *1 grosse pomme de terre*
- *1 oignon*
- *2 gousses d'ail*
- *1 branche de thym*
- *3 feuilles de laurier*
- *1/2 botte de persil plat*
- *Sel, poivre*

■ Épluchez et coupez les légumes, l'oignon et l'ail en gros morceaux. Dans un grand faitout, mettez la totalité des légumes, l'oignon, l'ail, le thym, le laurier, un peu de sel et de poivre. Couvrez généreusement d'eau et mettez sur le feu. Quand l'eau commence à bouillir, comptez 20 min de cuisson.

■ À l'aide d'un mixeur plongeant ou d'un moulin à légumes muni d'une grille fine, passez la soupe après avoir retiré le thym et le laurier. Effeuillez et hachez grossièrement le persil, ajoutez-le à la soupe, vérifiez l'assaisonnement et servez bien chaud.

VARIANTES

Donnez plus de goût à la soupe en y ajoutant un morceau de lard ou un cube de bouillon de volaille ou de bœuf.

CONSEIL

La soupe avec des tartines de pain de campagne grillées et beurrées, une laitue ou une salade frisée, du fromage et des fruits.

POUR 4 PERSONNES
PRÉPARATION : 15 MIN
DIFFICULTÉ : FACILE
COÛT : BON MARCHÉ

Salade de poulet rôti, avocats et pamplemousses

- *Les restes d'un poulet rôti*
- *2 pomelos roses*
- *2 avocats*
- *1 salade feuille de chêne rouge*
- *Sel, poivre*

Pour la vinaigrette à l'huile d'olive et au citron
- *Le jus de 1 citron*
- *10 cuil. à soupe d'huile d'olive*
- *Sel et poivre du moulin*

▪ Lavez puis essorez la salade. À l'aide d'un petit couteau, épluchez les pomelos en retirant la peau et la membrane blanche. Vous ne devez conserver que la chair. Toujours à l'aide d'un couteau, retirez les quartiers.

▪ Dans un saladier, mettez la salade, répartissez les pomelos et le poulet rôti émietté. Coupez les avocats en deux, retirez le noyau puis, à l'aide d'une cuillère à soupe, enlevez la chair avant de la couper en petits dés. Mélangez-les avec la vinaigrette, salez, poivrez et arrosez la salade.

VARIANTES

Remplacez les pomelos et les avocats par du maïs et des tomates cerise. Le poulet rôti était tellement bon qu'il n'en reste plus ? Et bien, remplacez-le par des lardons, du bœuf froid, des dés de jambon…

CONSEIL

Utilisez bien sûr le jus des pomelos pour faire la vinaigrette. Pour cela, pressez le cœur des pomelos après en avoir retiré les segments.

UNE IDÉE DE MENU ÉQUILIBRÉ

La salade, du pain ou des galettes de maïs et un laitage en dessert.

POUR 4 PERSONNES
PRÉPARATION : 15 MIN
CUISSON : 5 MIN
DIFFICULTÉ : FACILE
COÛT : BON MARCHÉ

Salade de saucisses de Strasbourg à la thaïe

- 6 saucisses de Strasbourg
- 1/2 botte de menthe
- 1/2 botte de coriandre
- 1 citron vert
- 1 cuil. à soupe de sauce nuoc-mâm
- 1 cuil. à soupe de sauce soja
- 1 pincée de piment en poudre
- 1/2 gousse d'ail hachée
- 1 échalote hachée
- 2 cuil. à soupe d'huile végétale

■ Faites cuire les saucisses de Strasbourg selon les indications du fabricant puis, coupez-les en rondelles.

■ Effeuillez et hachez grossièrement la menthe et la coriandre. Pressez le citron et mélangez le jus avec les sauces nuoc-mâm et soja, le piment, l'ail et l'huile. Répartissez sur des assiettes la salade. Ajoutez les saucisses, les herbes, l'échalote et arrosez de sauce avant de servir.

VARIANTES

Remplacez les saucisses par des petits morceaux de poisson blanc cuits très rapidement à la vapeur ou par un carpaccio de bœuf.

CONSEIL

Pas besoin de sel et de poivre car le piment remplace le poivre et la sauce nuoc-mâm le sel.

UNE IDÉE DE MENU ÉQUILIBRÉ

La salade de saucisses, un peu de fromage et de pain puis des fruits crus ou cuits.

POUR 4 PERSONNES
PRÉPARATION : 15 MIN
CUISSON : 15 MIN
DIFFICULTÉ : FACILE
COÛT : BON MARCHÉ

Salade de crevettes, pois gourmands et mini-maïs

- *400 g de crevettes décortiquées*
- *250 g de pois gourmands*
- *1 boîte de mini-maïs*
- *150 g de mesclun*
- *1 botte de coriandre*
- *6 cuil. à soupe d'huile d'olive*

Pour la vinaigrette
- *1 fruit de la passion*
- *10 cl d'huile d'olive*
- *Sel, poivre*

■ Nettoyez et essorez le mesclun. Essorez les mini-maïs et effeuillez la coriandre. Dans une poêle, faites chauffer la moitié de l'huile d'olive puis, faites-y revenir les pois gourmands à feu moyen 10 min. Salez et poivrez. Les pois gourmands doivent être cuits mais croquants. Disposez-les dans un tamis pour retirer l'excédent de gras.

■ Faites chauffer le reste d'huile dans la poêle et faites-y griller les crevettes 3 à 4 min. Salez et poivrez. Dès que les crevettes s'enroulent sur elles-mêmes, coupez le feu. Disposez la salade sur les assiettes, ajoutez le maïs, les pois gourmands, les crevettes et la coriandre. Nappez de vinaigrette avant de servir.

■ Récupérez le jus et les graines du fruit de la Passion. Passez le tout au moulin à légumes. Mélangez avec l'huile, du sel et du poivre. Assaisonnez la salade.

VARIANTES

Remplacez les crevettes par du poulet coupé en lanières ou du veau en médaillons.

CONSEIL

Choisissez des crevettes d'assez grosse taille (calibre 16/20) et faites-les bien griller, c'est vraiment meilleur. Ajoutez si vous le désirez quelques tomates cerise ou des bâtonnets de carottes cuites pour une touche colorée et sucrée.

POUR 4 PERSONNES
PRÉPARATION : 10 MIN
DIFFICULTÉ : FACILE
COÛT : BON MARCHÉ

Salade de pastèque, mozzarella, pistaches, oignons et crudités

- *1 morceau de pastèque d'environ 1 kg*
- *1 oignon rouge*
- *2 cuil. à soupe de pistaches nature*
- *2 boules de mozzarella di buffala*
- *8 cuil. à soupe d'huile d'olive*
- *Sel, poivre*

▤ Retirez la peau de la pastèque et coupez-la en tranches d'un demi-centimètre d'épaisseur. Épluchez l'oignon rouge et coupez-le en fines rondelles. Dans une poêle sans matières grasses, faites griller les pistaches. Dès qu'elles commencent à colorer, retirez immédiatement de la poêle. Égouttez la mozzarella et coupez-la en tranches.

▤ Dans un plat, disposez en rosace et en alternance la pastèque, les tranches de mozzarella, les rondelles d'oignon puis assaisonnez avec du sel, du poivre et de l'huile d'olive. Terminez en décorant avec les pistaches grillées.

VARIANTES

Vous pouvez remplacer la mozzarella par de la feta ou des fromages de chèvre sec coupés en petits morceaux.

CONSEILS

Si vous n'avez pas de pistaches nature, remplacez-les simplement par des amandes effilées que vous ferez colorer dans une poêle.

UNE IDÉE DE MENU ÉQUILIBRÉ

La salade de pastèque accompagnée de pain grillé frotté avec une gousse d'ail, des œufs durs et des fruits.

POUR 4 PERSONNES
PRÉPARATION : 15 MIN
DIFFICULTÉ : FACILE
COÛT : BON MARCHÉ

Salade de crêpes et de crudités

- *100 g de mesclun*
- *100 g de tomates cerise*
- *2 mini-concombres*
- *2 carottes*
- *2 crêpes salées*
- *1 cuil. à café de moutarde douce*
- *2 cuil. à soupe de vinaigre de cidre*
- *6 cuil. à soupe d'huile végétale*
- *Sel, poivre*

Matériel
- *Râpe*
- *Tamis*

■ Nettoyez et essorez le mesclun et les tomates cerise. Coupez les tomates cerise en quatre. Retirez le bout des concombres et découpez-les en fines rondelles. Épluchez et râpez finement les carottes.

■ Découpez les crêpes en deux parts égales avant de les couper en longues bandes.

■ Dans un saladier, déliez la moutarde avec du sel, du poivre et le vinaigre. Émulsionnez votre vinaigrette avec l'huile avant d'ajouter tous les ingrédients de la salade. Ne mélangez qu'au moment de servir.

VARIANTES

Vous pouvez ajouter dans cette salade du maïs, des cœurs de palmier, du melon, des pignons de pin, des fonds d'artichauts cuits, des petits pois, du brocoli...

POUR 4 PERSONNES
PRÉPARATION : 15 MIN
CUISSON : 3 À 5 MIN
DIFFICULTÉ : TRÈS FACILE
COÛT : RAISONNABLE

Croque de campagne brebis-champignons

- *8 tranches de pain de mie complet*
- *200 g de fromage de brebis (tomme, brique)*
- *4 gros champignons de Paris*
- *1 petite gousse d'ail*
- *2 cuil. à soupe d'huile d'olive*
- *1 cuil. à soupe de vinaigre balsamique*
- *3 belles branches de basilic*
- *40 g de beurre mou*
- *Sel, poivre du moulin*

Matériel
- *Appareil à croques*

■ Nettoyez rapidement les champignons et essuyez-les. Coupez-les en fines lamelles et mettez-les dans un grand bol. Épluchez la gousse d'ail et écrasez-la. Ajoutez l'ail aux champignons, salez, poivrez et mélangez avec l'huile d'olive et le vinaigre balsamique. Rincez les feuilles de basilic ; réservez 8 feuilles entières. Séchez le reste des feuilles et ciselez-les finement au-dessus des champignons. Mélangez et réservez.

■ Coupez le fromage en fines tranches. Beurrez les tranches de pain sur un côté seulement et parsemez-les légèrement de sel. Retournez-les. Sur 4 d'entre elles, disposez les lamelles de champignons en les chevauchant. Couvrez avec les tranches de fromage, répartissez les feuilles de basilic réservées, donnez un tour de moulin à poivre et posez par-dessus les tranches de pain restantes, en mettant le côté beurré vers l'extérieur.

■ Faites cuire dans l'appareil à croques entre 3 et 5 min jusqu'à ce que les croques soient bien dorés et que le fromage ait fondu. Coupez chaque croque en deux triangles avant de les servir.

POUR 4 PERSONNES
PRÉPARATION : 15 MIN
CUISSON : 2 MIN
DIFFICULTÉ : TRÈS FACILE
COÛT : RAISONNABLE

Toast à la rémoulade de surimi

- *4 larges tranches de pain aux céréales*
- *200 g de miettes de surimi*
- *1 oignon rouge*
- *1 cuil. à café de sucre*
- *Sel, poivre blanc*

Pour la rémoulade
- *50 g de céleri-rave*
- *1 cuil. à soupe de mayonnaise*
- *2 cuil. à soupe de mascarpone*
- *1/2 cuil. à café de raifort*
- *2 cuil. à soupe de jus de citron*
- *1/2 cuil. à café de moutarde*

Pour le beurre de ciboulette
- *20 g de beurre mou*
- *2 cuil. à soupe de ciboulette hachée*
- *Sel*

■ Pelez l'oignon, coupez-le en rondelles et partagez-les en anneaux. Saupoudrez-les de sucre, de sel et de poivre ; mélangez et réservez.

■ Râpez le céleri, mettez-le avec le surimi dans un saladier et mélangez bien avec la mayonnaise, le mascarpone, le raifort, le jus de citron et la moutarde jusqu'à obtenir une consistance bien homogène.

■ Fouettez le beurre avec la moitié de la ciboulette et salez.

■ Toastez légèrement les tranches de pain et tartinez-les de beurre à la ciboulette. Étalez la rémoulade, parsemez de ciboulette hachée et terminez par les anneaux d'oignon sucré. Donnez un tour de moulin à poivre et dégustez sans attendre.

POUR 4 PERSONNES
PRÉPARATION : 15 MIN
CUISSON : 3 À 5 MIN
DIFFICULTÉ : TRÈS FACILE
COÛT : RAISONNABLE

Croque poires-bacon

- 8 tranches de pain de mie complet
- 2 poires
- 4 tranches de bacon maigre
- 4 fines tranches de parmesan
- 1 cuil. à café de romarin ou d'origan
- 1 cuil. à café de miel ou de cassonade
- 40 g de beurre mou
- 4 cuil. à soupe d'huile d'olive
- Sel, poivre

Matériel
- Appareil à croques

■ Épluchez, épépinez et tranchez finement les poires.

■ Beurrez les tranches de pain et retournez-en la moitié. Arrosez les tranches retournées d'un peu d'huile d'olive et salez-les. Disposez dessus des lamelles de poires, saupoudrez-les de romarin et de miel. Posez 1 tranche de bacon, puis 1 morceau de parmesan, poivrez et recouvrez avec les autres tranches, côté beurré vers l'extérieur.

■ Faites cuire dans l'appareil de 3 à 5 min environ, jusqu'à ce que les croques soient bien dorés. Servez.

POUR 4 PERSONNES
PRÉPARATION : 20 MIN
DIFFICULTÉ : TRÈS FACILE
COÛT : RAISONNABLE

Petit pain
de Provence

- *8 petits pains au lait*
- *16 olives noires*
- *50 g de câpres*
- *4 cornichons*
- *2 cuil. à soupe
  de mayonnaise*
- *2 cuil. à soupe
  de mascarpone*
- *4 cuil. à soupe de ricotta*
- *3 cuil. à soupe de persil
  haché*
- *2 cuil. à soupe de tapenade*
- *30 g de beurre mou*
- *Sel, poivre*

■ Dénoyautez les olives. Hachez-les avec les câpres et les cornichons. Mélangez-les à la mayonnaise et au mascarpone.

■ Salez légèrement la ricotta et poivrez-la. Incorporez le persil.

■ Coupez les petits pains au lait en deux dans le sens de l'épaisseur pour obtenir 16 tartines. Beurrez la moitié d'entre elles et tartinez-les de la crème aux olives. Étalez sur le reste des tartines une couche de ricotta, puis une couche de tapenade.

■ Servez 2 tartines à la crème d'olive et 2 tartines à la tapenade par personne.

SUGGESTION DE MENU

Complétez les tartines d'une bonne salade d'herbes ou de concombre mariné et servez en dessert une glace ou un crumble.

POUR 4 PERSONNES
PRÉPARATION : 10 MIN
DIFFICULTÉ : TRÈS FACILE
COÛT : RAISONNABLE

Tartine de brousse au jambon cru

- *4 belles tranches de pain de seigle*
- *200 g de fromage de brousse bien épais*
- *4 tranches de jambon cru*
- *1 cuil. à soupe de ciboulette hachée*
- *2 cuil. à soupe de noix concassées*
- *2 cuil. à soupe de miel bien liquide*
- *Sel, poivre du moulin*

■ Mélangez le fromage avec la ciboulette ; salez et poivrez. Coupez chaque tranche de jambon en fines lamelles.

■ Étalez une couche épaisse de brousse sur chaque tartine, recouvrez-la de lamelles de jambon et parsemez de noix.

■ Donnez un tour de moulin à poivre et laissez couler un filet de miel sur les tartines avant de les servir.

CONSEIL

Vous pouvez parsemer ces tartines de curry, de gingembre ou de paprika et les proposer à l'apéritif, coupées en petites bouchées.

POUR 4 PERSONNES
PRÉPARATION : 15 MIN
CUISSON : 3 À 5 MIN
DIFFICULTÉ : TRÈS FACILE
COÛT : RAISONNABLE

Croque à l'italienne

- *8 tranches de pain de mie*
- *200 g de mozzarella*
- *4 fines tranches
  de parmesan*
- *2 tomates*
- *4 belles tranches
  d'aubergines grillées
  surgelées*
- *12 belles feuilles de basilic*
- *4 cuil. à soupe d'huile
  d'olive*
- *2 cuil. à soupe de
  vinaigre balsamique*
- *40 g de beurre mou*
- *Sel, poivre*

Matériel
- *Appareil à croques*

■ Décongelez les aubergines. Coupez la mozzarella et les tomates en fines tranches. Ciselez le basilic, puis mélangez-le avec l'huile d'olive et le vinaigre balsamique ; salez et poivrez.

■ Beurrez les tranches de pain de mie, salez-les et poivrez-les. Retournez 4 d'entre elles. Sur leur face non beurrée, déposez 1 tranche d'aubergine grillée en la repliant ou en la coupant en deux si nécessaire ; ajoutez des rondelles de tomate, arrosez d'un peu de vinaigrette au basilic. Continuez avec la mozzarella et terminez par 1 fine lamelle de parmesan. Recouvrez avec les autres tranches de pain, côté beurré vers l'extérieur.

■ Faites cuire de 3 à 5 min dans l'appareil jusqu'à ce que les croques soient bien dorés. Servez.

CONSEIL

Il est très facile de faire griller des tranches d'aubergines vous-même. Coupez, sans l'éplucher, une grosse aubergine en tranches de 1 cm. Huilez-les et salez-les légèrement avant de les faire griller 1 min sur chaque face.

POUR 4 PERSONNES
PRÉPARATION : 15 MIN
CUISSON : 1 MIN
DIFFICULTÉ : FACILE
COÛT : RAISONNABLE

Tartine d'œufs brouillés à la truite fumée

- *4 grandes tranches de pain de campagne*
- *4 œufs*
- *200 g de truite fumée*
- *150 g de fromage de chèvre frais*
- *1 citron*
- *1 oignon rouge*
- *1 cuil. à soupe de persil haché*
- *1 cuil. à soupe de câpres*
- *20 g de beurre*
- *Sel, poivre du moulin*

■ Faites fondre le beurre dans une poêle. Avant que le beurre n'ait complètement fondu, cassez les œufs. Avec une cuillère en bois, remuez très rapidement sans vous arrêter. Lorsque les œufs sont pris, ajoutez du sel, du poivre, le persil et remuez une dernière fois. Réservez.

■ Hachez les câpres, émiettez la truite fumée et mélangez bien avec le fromage de chèvre. Assaisonnez de jus de citron, salez, poivrez et mélangez encore. Pelez l'oignon rouge, détaillez-le en rondelles et séparez-les en anneaux.

■ Toastez rapidement le pain de campagne et étalez une première couche d'œufs brouillés, avant de recouvrir du mélange à la truite. Déposez 1 ou 2 anneaux d'oignon, donnez un tour de moulin à poivre et servez.

VARIANTES

Vous pouvez préparer ces tartines avec toutes sortes de poissons fumés : saumon, hareng, haddock, et même avec du thon en boîte.

SUGGESTION DE MENU

Servez en plat principal un rôti de bœuf et, en dessert, une salade de fruits exotiques.

POUR 4 PERSONNES
PRÉPARATION : 15 MIN
CUISSON : 1 MIN
DIFFICULTÉ : TRÈS FACILE
COÛT : BON MARCHÉ

Tartine bagnat à la niçoise

- *4 larges tranches de pain de campagne*
- *1 petite boîte de thon à l'huile*
- *2 tomates*
- *12 petites olives noires de Nice*
- *4 feuilles de laitue bien tendres*
- *2 cuil. à soupe de vinaigrette*
- *2 cuil. à soupe d'huile d'olive*
- *Sel, poivre du moulin*

■ Écrasez le thon égoutté. Coupez les tomates en rondelles.

■ Toastez rapidement les tranches de pain et arrosez-les de vinaigrette. Disposez 1 feuille de laitue, un peu de thon écrasé, répartissez les rondelles de tomates et les olives. Donnez un tour de moulin à poivre et ajoutez un filet d'huile d'olive. Servez.

VARIANTE

Vous pouvez intercaler des fines rondelles d'œufs durs et un filet d'anchois.

POUR 4 PERSONNES
PRÉPARATION : 20 MIN
MACÉRATION 15 MIN
CUISSON : 1 MIN
DIFFICULTÉ : FACILE
COÛT : RAISONNABLE

Fougasse toastée à la vénitienne

- *1 fougasse nature ou aux olives*
- *200 g de bœuf pour carpaccio*
- *10 olives vertes*
- *10 olives noires*
- *1 poignée de roquette*
- *1 chicorée de Trévise*
- *2 brins de basilic*
- *1/2 citron*
- *1 cuil. à café de vinaigre balsamique*
- *4 cuil. à soupe d'huile d'olive*
- *Sel, poivre blanc*

■ Dénoyautez et coupez les olives en deux. Triez, lavez les salades et essorez-les bien. Coupez les feuilles. Effeuillez le basilic, rincez-le, ciselez-le et mélangez-le aux feuilles de salade.

■ Préparez une vinaigrette en fouettant, avec une fourchette, le jus du citron, le vinaigre et l'huile. Salez et poivrez. Faites mariner, au frais, les tranches de viande dans cette vinaigrette pendant 15 min.

■ Coupez la fougasse en tranches assez fines et toastez-les. Sortez la viande et gardez la vinaigrette. Disposez sur chaque tranche de pain un lit de salade, 1 ou 2 tranches de bœuf, répartissez les olives, puis assaisonnez de vinaigrette. Servez aussitôt.

CONSEIL

Vous pouvez demander à votre boucher de vous découper la viande. Vous la trouverez également toute prête dans les rayons de votre supermarché ; mais si vous désirez la trancher vous-même, placez-la 20 min au congélateur avant de la couper avec un couteau très bien aiguisé. L'opération sera bien plus aisée.

SUGGESTION DE MENU

Faites suivre ces tartines d'un plat de pâtes au pesto et terminez par une panna cotta accompagnée d'un coulis de fruits rouges.

POUR 4 PERSONNES
PRÉPARATION : 15 MIN
CUISSON : 3 À 5 MIN
DIFFICULTÉ : TRÈS FACILE
COÛT : RAISONNABLE

Croque à
la savoyarde

- *8 tranches de pain*
  de mie complet
- *200 g de reblochon*
- *125 g de lardons fumés*
- *2 cuil. de crème fraîche*
  épaisse
- *2 cuil. à soupe*
  de gruyère râpé
- *2 oignons*
- *1 cuil. à café de thym*
  ou de romarin
- *40 g de beurre mou*
- *Sel, poivre*

Matériel
- *Appareil à croques*

■ Pelez les oignons et émincez-les finement. Faites revenir à sec dans une poêle antiadhésive les lardons et les oignons ; laissez-les refroidir.

■ Beurrez le pain de mie, salez et poivrez. Coupez le reblochon en tranches assez fines.

■ Mélangez les lardons et les oignons, la crème fraîche et le gruyère râpé. Poivrez. Tartinez 4 tranches de pain sur le côté non beurré avec ce mélange, disposez des lamelles de reblochon. Recouvrez avec une deuxième tranche de pain, côté beurré vers l'extérieur.

■ Faites cuire dans l'appareil de 3 à 5 min, jusqu'à ce que les croques soient bien dorés. Servez.

VARIANTES

Vous pouvez remplacer le reblochon par du fromage à raclette et les lardons par du jambon de montagne cru ou sec. 1 ou 2 rondelles de tomates seront aussi les bienvenues. Pour faire cuire ce croque, vous pouvez le passer sous le gril du four, comme un croque-monsieur classique, en le recouvrant d'un mélange de crème et de fromage râpé.

SUGGESTION DE MENU

Commencez le repas par une assiette de crudités ou un bol de soupe et offrez au dessert une coupe glacée composée.

POUR 4 PERSONNES
PRÉPARATION : 15 MIN
CUISSON : 2 MIN
DIFFICULTÉ : TRÈS FACILE
COÛT : BON MARCHÉ

Tartine toastée à la tomate

- *4 grandes tranches de pain de campagne aux olives*
- *2 grosses tomates*
- *1 échalote*
- *12 olives noires*
- *50 g de mesclun*
- *4 quartiers de tomates confites*
- *1 cuil. à café de thym*
- *2 cuil. à soupe de vinaigre balsamique*
- *4 cuil. à soupe d'huile d'olive*
- *Sel, poivre du moulin*

■ Rincez les tomates et coupez-les en petits dés. Hachez l'échalote, versez dessus le vinaigre, salez, poivrez et mélangez. Dénoyautez les olives.

■ Toastez légèrement les tranches de pain. Arrosez-les d'un peu d'huile d'olive, étalez une couche de mesclun, répartissez les tomates en dés, l'échalote vinaigrée, les olives et les tomates confites. Parsemez de thym, donnez un tour de moulin à poivre et servez.

Tartine anglo-saxonne

POUR 4 PERSONNES
PRÉPARATION : 10 MIN
CUISSON : 7 MIN
DIFFICULTÉ : TRÈS FACILE
COÛT : BON MARCHÉ

- 4 tranches de pain
  de mie anglais
- 3 œufs
- 2 cuil. à soupe
  de mayonnaise
- 1 poignée de cresson
- 20 g de beurre mou
- Sel, poivre noir

■ Plongez les œufs dans de l'eau bouillante salée, laissez cuire à frémissement 7 min. Rafraîchissez-les sous l'eau froide, puis écalez-les et écrasez-les à la fourchette.

■ Incorporez la mayonnaise aux œufs, salez, poivrez et remuez bien pour obtenir un mélange homogène.

■ Beurrez légèrement les pains. Étalez le cresson et répartissez le mélange aux œufs dessus. Dégustez sans attendre.

VARIANTES

Vous pouvez remplacer la moitié de la mayonnaise par du fromage blanc et une pointe de moutarde ou bien par de la crème fraîche allégée.

POUR 4 PERSONNES
PRÉPARATION : 15 MIN
CUISSON : 1 MIN
DIFFICULTÉ : TRÈS FACILE
COÛT : UN PEU CHER

Poilâne toasté à l'avocat et aux crevettes

- *4 belles tranches de pain Poilâne*
- *125 g de crevettes roses décortiquées*
- *1 gros avocat mûr à point*
- *1/2 citron vert*
- *2 cuil. à soupe de mayonnaise*
- *1 cuil. à café de sucre*
- *1/2 cuil. à café de curry*
- *1 pointe de piment d'Espelette*
- *1 cuil. à soupe d'aneth haché*
- *Sel, poivre du moulin*

■ Mélangez la mayonnaise avec le sucre, le curry, le piment et la moitié de l'aneth. Salez et poivrez.

■ Épluchez l'avocat et détaillez la chair en fines lamelles. Citronnez-les.

■ Toastez rapidement les tranches de pain et étalez sur chacune une couche de mayonnaise aromatisée. Posez par-dessus les lamelles d'avocat et terminez par les crevettes. Donnez un tour de moulin à poivre et saupoudrez d'aneth.

POUR 4 PERSONNES
PRÉPARATION : 15 MIN
CUISSON : 3 À 5 MIN
DIFFICULTÉ : FACILE
COÛT : RAISONNABLE

Croque de seigle à l'espagnole

- 8 tranches de pain de seigle
- 16 tranches de chorizo
- 4 fines tranches de manchego (fromage de brebis espagnol) + 3 cuil. à soupe de manchego râpé
- 3 cuil. à soupe de gruyère râpé
- 3 cuil. à soupe de crème fraîche épaisse
- 2 tomates
- Sel, poivre

■ Mélangez les fromages râpés et la crème. Salez et poivrez.

■ Déposez sur la moitié des tranches de pain 4 rondelles de chorizo, 1 tranche de fromage et 1 rondelle de tomate. Couvrez avec les autres tranches et étalez la crème au fromage par-dessus.

■ Pressez légèrement les croques et faites-les griller 3 à 5 min sous le gril du four jusqu'à ce que se forme une belle croûte dorée. Servez.

VARIANTE

Vous pouvez remplacer le manchego par du parmesan.

POUR 4 PERSONNES
PRÉPARATION : 15 MIN
CUISSON : 3 À 5 MIN
DIFFICULTÉ : TRÈS FACILE
COÛT : BON MARCHÉ

Croque provençal aux sardines

- 8 tranches de pain de mie
- 300 g de sardines
- 4 cuil. à soupe
  de parmesan râpé
- 2 tomates
- 1 gousse d'ail
- 4 branches de persil
  plat ciselé
- 2 cuil. à soupe de jus
  de citron
- 40 g de beurre mou
- 3 cuil. à soupe d'huile
  d'olive
- Sel, poivre du moulin

Matériel
- Appareil à croques

■ Lavez les tomates et coupez-les en fines rondelles. Salez, poivrez et mélangez à l'huile d'olive. Pelez et hachez l'ail.

■ Égouttez les sardines et écrasez-les à la fourchette en les mélangeant avec l'ail, le jus de citron et le persil. Beurrez les tranches de pain, salez-les et poivrez-les. Tartinez de sardines 4 tranches sur leur face non beurrée. Ajoutez les tomates, le parmesan et poivrez. Recouvrez des autres pains, côté beurré vers l'extérieur.

■ Faites cuire 3 à 5 min. Servez les croques bien dorés.

POUR 4 PERSONNES
PRÉPARATION : 15 MIN
CUISSON : 3 À 5 MIN
DIFFICULTÉ : TRÈS FACILE
COÛT : RAISONNABLE

Croque Poilâne
à la californienne

- *4 belles tranches de pain Poilâne*
- *12 tranches de salami*
- *4 tranches d'ananas au sirop*
- *200 g de cheddar*
- *2 cuil. à soupe de crème fraîche liquide*
- *2 cuil. à soupe d'emmental râpé*
- *1 cuil. à café de moutarde*
- *1/2 cuil. à café de sucre*
- *1 pointe de piment ou de paprika (facultatif)*
- *40 g de beurre mou*
- *Sel, poivre*

Matériel
- *Appareil à croques*

▨ Beurrez les tanches de pain, salez-les, poivrez-les, coupez-les en deux et taillez les bords si nécessaires pour les égaliser.

▨ Égouttez l'ananas. Coupez le cheddar en fines lamelles. Mélangez la crème liquide, le fromage râpé, la moutarde, le sucre et le piment.

▨ Tartinez le côté non beurré de 4 tranches de pain avec le mélange, puis étalez 3 tranches de salami, des lamelles de cheddar et terminez par 1 tranche d'ananas. Ajoutez une deuxième tranche de pain côté beurré vers l'extérieur et appuyez légèrement sur chaque croque pour faire adhérer les différentes couches.

▨ Faites cuire les croques dans l'appareil pendant 3 à 5 min, jusqu'à ce qu'ils soient bien dorés et que le fromage ait fondu. Servez.

VARIANTES

Vous pouvez remplacer le salami par de la mortadelle à la pistache, par du jambon blanc ou des tranches de poulet fumé. Et troquez l'ananas contre de la mangue ou du kiwi pour varier les saveurs.

POUR 4 PERSONNES
PRÉPARATION : 20 MIN
MARINADE : 1 H
CUISSON : 8 À 10 MIN
DIFFICULTÉ : TRÈS FACILE
COÛT : RAISONNABLE

Croque à l'indienne

- *8 tranches de pain
  de mie complet*
- *2 filets de poulet*
- *1 poignée de roquette*
- *1 cuil. à soupe
  d'amandes effilées*
- *100 g de tomates confites*
- *40 g de beurre mou*
- *1 cuil. à soupe d'huile*
- *Sel, poivre*

Pour la marinade
- *3 cuil. à soupe de yaourt*
- *3 cuil. à soupe de jus
  de citron*
- *1/2 cuil. à café de paprika*
- *1/2 cuil. à café
  de gingembre*
- *1 gousse d'ail*

Pour la vinaigrette
- *1 cuil. à soupe d'huile*
- *2 cuil. à soupe d'huile
  de noix*
- *1 cuil. à café de vinaigre
  balsamique*

■ Coupez les filets de poulet en fines lamelles, mettez-les dans un saladier avec les ingrédients de la marinade et laissez mariner 1 h.

■ Faites chauffer l'huile de tournesol et faites cuire le poulet, avec sa marinade, pendant 5 min en remuant. Faites griller les amandes effilées à sec.

■ Lavez et essorez la roquette. Beurrez les tranches de pain, salez-les et poivrez-les. Préparez la vinaigrette avec les huiles, le vinaigre balsamique, du sel et du poivre.

■ Étalez une couche de roquette sur le côté non beurré de la moitié des tranches de pain, puis assaisonnez avec un peu de vinaigrette, garnissez de morceaux de poulet et terminez par des dés de tomates confites. Recouvrez avec le reste des tranches de pain, côté beurré vers l'extérieur.

■ Faites cuire les croques 3 à 5 min dans un appareil à croques. Coupez-les en deux, parsemez-les d'amandes grillées et servez.

POUR 4 PERSONNES
PRÉPARATION : 20 MIN
CUISSON : 1 MIN
DIFFICULTÉ : TRÈS FACILE
COÛT : RAISONNABLE

Pita au hoummos et aux pignons

- *4 pains pita*
- *1 petite boîte de pois chiches cuits*
- *1 citron*
- *1 gousse d'ail*
- *2 cuil. à soupe de crème de sésame*
- *2 cuil. à soupe de pignons de pin*
- *1/2 cuil. à café de cumin en poudre*
- *3 cuil. à soupe d'huile d'olive*
- *Sel, poivre*

Matériel
- *Mixeur*

■ Pressez le citron, épluchez l'ail et écrasez-le. Dans le mixeur, mettez les pois chiches avec 4 cuil. à soupe de leur eau, le jus de citron, l'ail et la crème de sésame. Mixez jusqu'à obtenir une crème bien lisse. Ajoutez 1 à 2 cuil. à soupe d'eau supplémentaires si la consistance est trop épaisse. Salez, poivrez et mélangez.

■ Faites griller les pignons de pin à sec dans une poêle antiadhésive pendant 1 min, juste pour les brunir, en remuant soigneusement.

■ Ouvrez les pains, puis coupez-les en deux. Faites-les griller rapidement sous le gril du four. Tartinez-les de hoummos, ajoutez un petit filet d'huile d'olive, saupoudrez de cumin et parsemez de pignons grillés. Servez.

CONSEIL

Vous trouverez de la crème de sésame (tahina), différente de l'huile de sésame, dans les épiceries orientales ou dans les rayons exotiques des supermarchés.

SUGGESTION DE MENU

Accompagnez ces tartines de quartiers de tomate, de bâtonnets de concombre, de poivron et, pour un repas complet, de boulettes de viande hachée assaisonnée au cumin.

POUR 4 PERSONNES
PRÉPARATION : 20 MIN
CUISSON : 40 MIN
DIFFICULTÉ : FACILE
COÛT : BON MARCHÉ

Tartine au caviar d'aubergines

- *2 belles aubergines*
- *1 belle tomate*
- *2 petits oignons frais*
- *1 gousse d'ail*
- *2 cuil. à soupe de jus de citron*
- *3 cuil. à soupe d'huile d'olive*
- *1 cuil. à soupe de persil haché fin*
- *Sel, poivre*

Matériel
- *Mixeur*

■ Mettez les aubergines au four, à chaleur moyenne. Faites cuire environ 40 min jusqu'à ce que la peau se détache et que la chair soit bien molle.

■ Coupez la tomate en petits dés. Pelez les oignons et l'ail, puis hachez-les finement.

■ Épluchez les aubergines et passez-les au mixeur. Ajoutez les oignons et l'ail hachés et les dés de tomates. Salez, poivrez et incorporez le jus de citron, puis l'huile en filet tout en remuant.

■ Tartinez les tranches de pain de caviar d'aubergines et saupoudrez-les de persil. Servez.

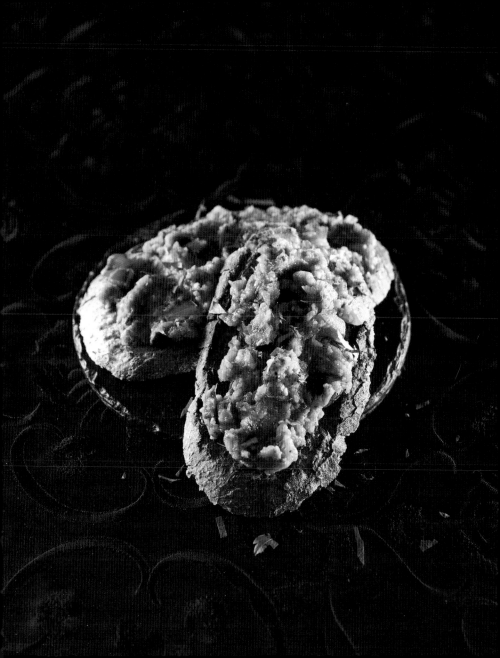

POUR 4 PERSONNES
PRÉPARATION : 15 MIN
CUISSON : 3 À 5 MIN
DIFFICULTÉ : TRÈS FACILE
COÛT : RAISONNABLE

Croque chabichou et radis noir

- 8 tranches de pain de mie aux noix
- 3 chabichous
- 3/4 de radis noir
- 1 poignée de jeunes pousses d'épinards
- 40 g de beurre mou
- 2 cuil. à soupe d'estragon haché
- 50 g de noix
- Sel, poivre du moulin

Pour la vinaigrette
- 1 cuil. à soupe de vinaigre balsamique
- 1 cuil. à soupe bombée de miel
- 2 cuil. à soupe d'huile de noix
- 1 cuil. à soupe d'huile de tournesol
- 1/2 cuil. à café de raifort
- Sel, poivre du moulin

Matériel
- Appareil à croques

■ Épluchez le radis noir et détaillez-le en très fines rondelles. Salez-les et poivrez-les. Laissez-les mariner le temps de préparer les autres ingrédients.

■ Lavez et essorez les pousses d'épinards. Coupez les chabichous en lamelles assez fines. Préparez la vinaigrette en fouettant les ingrédients dans un bol.

■ Beurrez les tranches de pain et salez-les. Disposez, sur le côté non beurré de 4 tranches de pain, un petit lit de pousses d'épinards, les rondelles de radis et arrosez de vinaigrette. Étalez les lamelles de chabichou et assaisonnez-les également avec un peu de vinaigrette. Donnez un tour de moulin à poivre et terminez en parsemant un peu d'estragon haché et des noix concassées.

■ Recouvrez avec les autres tranches de pain, côté beurré vers l'extérieur.

■ Faites cuire dans l'appareil 3 à 5 min environ, jusqu'à ce que les pains soient bien dorés. Servez.

Salade de pommes de terre et d'anchois marinés

POUR 8 PERSONNES
PRÉPARATION : 10 MIN
CUISSON : 20 MIN
DIFFICULTÉ : FACILE
COÛT : BON MARCHÉ

- *1,5 kg de pommes de terre*
- *250 g de tomates cerise*
- *100 g d'anchois marinés*
- *1 oignon rouge*
- *15 cl de vin blanc sec*
- *15 cl d'huile d'olive*
- *Sel, poivre*

Matériel
- *Four à micro-ondes*

■ Épluchez les pommes de terre. Mettez-les dans un plat avec 2 pincées de sel. Couvrez d'eau et enfournez pour 20 min à puissance maximale. À mi-cuisson, sortez le plat et mélangez bien. En fin de cuisson, rafraîchissez les pommes de terre sous l'eau froide et séchez-les. Coupez-les en rondelles et versez le vin blanc dessus. Mélangez et réservez.

■ Épluchez et hachez l'oignon. Coupez les tomates cerise en quatre. Égouttez les anchois.

■ Dans un grand saladier, mélangez l'oignon, les tomates, les pommes de terre et huile d'olive ; salez et poivrez. Disposez les anchois en étoile et servez la salade tiède ou froide.

CONSEIL

Vous pouvez servir cette salade comme entrée ou comme plat, accompagnée d'une salade verte.

POUR 6 PERSONNES
PRÉPARATION : 20 MIN
CUISSON : 30 MIN
DIFFICULTÉ : DIFFICILE
COÛT : RAISONNABLE

Tarte forestière

- 1 pâte feuilletée
- 500 g de champignons sauvages (mélangés ou une sorte unique : morilles, cèpes)
- 75 g de beurre
- 10 cl de vin blanc sec
- 10 cl de crème fraîche
- 1 œuf
- 4 tranches fines de jambon sec
- 1 pointe de noix muscade
- Sel, poivre

Pour la sauce Béchamel
- 20 g de beurre
- 2 cuil. à soupe de farine
- 30 cl de lait
- Sel, poivre

▓ Lavez les champignons et ôtez le bout terreux. Coupez-les en morceaux. Mettez-les dans une poêle, couvrez et faites-les revenir dans 50 g de beurre et le vin blanc, pendant 15 min à feu moyen. Ajoutez le sel, le poivre et la muscade, puis retirez les champignons avec une écumoire. Faites réduire le jus de cuisson de moitié.

▓ Préchauffez le four à 200 °C (th. 6-7).Préparez la béchamel : faites fondre le beurre dans une cocotte à fond épais. Ajoutez la farine et mélangez 1 à 2 min à feu doux. Versez le lait et fouettez vigoureusement pour obtenir un mélange homogène. Amenez à ébullition tout en mélangeant pour que le fond n'attache pas. Ôtez du feu. Mélangez la crème fraîche (gardez-en 1 cuil. pour la fin), l'œuf et le jus.

▓ Coupez le jambon en fines lanières et faites-les suer 1 à 2 min dans le reste du beurre. Étalez la pâte dans le moule.

▓ Mélangez tous les ingrédients de la garniture et répartissez-les sur la pâte. Enfournez 30 min. Parsemez du reste de crème fraîche et servez aussitôt.

POUR 6 PERSONNES
PRÉPARATION : 20 MIN
CUISSON : 45 MIN
DIFFICULTÉ : TRÈS FACILE
COÛT : BON MARCHÉ

Pissaladière

- *300 g de pâte à pizza à l'huile d'olive*
- *5 gros oignons*
- *2 cuil. à soupe d'olives noires hachées*
- *3 grosses tomates*
- *3 beaux anchois*
- *2 cuil. à soupe d'huile d'olive*
- *1 petite pincée de sel*
- *1 pincée de muscade*
- *1/2 cuil. à café de thym*

■ Émincez les oignons, salez-les et faites-les revenir de 10 à 12 min dans une poêle avec l'huile d'olive. Réservez dans un saladier.

■ Pilez dans un mortier (ou au mixeur) les anchois débarrassés de leurs arêtes. Délayez enusite cette crème avec un peu d'eau.

■ Étendez la pâte dans un plat à four rond ou rectangulaire.

■ Préchauffez le four à 210 °C (th. 7). Mélangez la crème d'anchois, les olives et les oignons. Garnissez-en la pâte.

■ Coupez les tomates en fines tranches et répartissez-les sur la pâte, ajoutez le thym, du sel, de la muscade et du poivre.

■ Enfournez 35 min. Servez chaud.

CONSEILS

Pour cette recette, il est prudent de ne pas utiliser trop de sel à cause de celui contenu dans les anchois. Si vous appréciez les anchois, vous pouvez en mettre davantage, les garder entiers et les utiliser pour réaliser un décor en forme d'étoile.

POUR 6 PERSONNES
PRÉPARATION : 20 MIN
CUISSON : 35 MIN
DIFFICULTÉ : TRÈS FACILE
COÛT : BON MARCHÉ

Quiche au thon

- *1 pâte brisée au beurre*
- *250 g de thon au naturel*
- *5 œufs*
- *300 g de fromage blanc*
- *1/2 verre de lait*
- *2 cuil. à soupe de farine*
- *30 g de câpres au vinaigre*
- *150 g d'olives vertes dénoyautées*
- *150 g de parmesan râpé*
- *Sel, poivre*

■ Égouttez le thon, puis émiettez-le avec une fourchette. Ajoutez-y les câpres égouttées. Mettez-les dans un grand bol et cassez les œufs dessus. Mélangez vigoureusement le tout. Ajoutez le fromage blanc ainsi que la farine délayée dans le lait. Mélangez de nouveau.

■ Préchauffez le four à 210 °C (th. 7). Ajoutez au mélange précédant les deux tiers du parmesan râpé et les olives.

■ Disposez la pâte dans le moule. Recouvrez-la de la préparation et parsemez le dessus du reste de parmesan râpé. Enfournez pour 35 min environ. Servez chaud ou tiède.

CONSEIL

Servez cette quiche accompagnée de quartiers de citron ou d'un coulis de tomate relevé de poivre et de citron.

VARIANTES

Vous pouvez, bien sûr, préparer cette quiche avec du crabe en boîte, du saumon ou encore du thon frais que vous aurez poché dans un court-bouillon.

POUR 6 PERSONNES
PRÉPARATION : 20 MIN
CUISSON : 30 MIN
DIFFICULTÉ : TRÈS FACILE
COÛT : BON MARCHÉ

Flammenkueche

- 1 pâte brisée
à la margarine
de tournesol
ou pâte spéciale
« flammenkueche »
- 6 beaux poireaux
- 1 gros oignon
- 150 g de lardons
- 4 œufs
- 10 cl de fromage blanc
- 10 cl de crème fraîche
- 25 g de beurre
- Sel, poivre

■ Préchauffez le four à 200 °C (th. 6-7). Étalez la pâte sur un moule à tarte.

■ Lavez et épluchez les poireaux puis éliminez-en les parties vertes trop dures. Émincez les blancs dans le sens de la longueur. Épluchez et émincez l'oignon.

■ Mettez le beurre dans une sauteuse et faites-y blondir les deux légumes. Réservez.

■ Remplacez les poireaux et les oignons par les lardons et faites-les revenir sans matière grasse pendant 5 min. Ajoutez-les aux légumes et réservez.

■ Cassez les œufs dans un grand bol, salez, poivrez, puis battez vigoureusement pendant 5 min environ jusqu'à obtenir un mélange lisse et homogène. Hors du feu, mélangez la préparation aux légumes et aux lardons avec la crème fraîche et le fromage blanc et versez le tout sur la pâte.

■ Enfournez et faites cuire 10 min à 200 °C (th. 6-7), puis baissez à 180 °C (th. 6) et continuez la cuisson pendant 20 min. Servez chaud.

POUR 4 PERSONNES
PRÉPARATION : 15 MIN
CUISSON : 20 MIN
DIFFICULTÉ : FACILE
COÛT : BON MARCHÉ

Foccacia aux *antipasti*

– 1 pâte à pizza
– 250 g d'antipasti
  (tomates confites,
  artichauts à l'huile,
  aubergines grillées,
  courgettes marinées…)
– 100 g de roquette
– 4 tranches de jambon
  cru italien
– 2 pincées d'origan
  ou de fleur de thym
– Poivre du moulin

■ Étalez la pâte sur une épaisseur d'un demi-centimètre. Si vous le pouvez, donnez-lui une forme carrée ou rectangulaire. Disposez cette *foccacia* sur une plaque allant au four et garnie de papier sulfurisé. Faites des empreintes dessus avec les doigts.

■ Égouttez rapidement les *antipasti* et répartissez-les sur la pâte. Enfournez la *foccacia* 15 à 20 min à 200° C (th. 6-7). Il faut que la pâte dore et gonfle. Sortez du four, puis répartissez la roquette et couvrez cette dernière avec le jambon cru. Poivrez, saupoudrez d'origan et servez aussitôt.

VARIANTES

On peut faire des *foccacias* à tout : anchois marinés et tomates cerise, jambon cru et pointes d'asperges vertes cuites, rondelles d'olives, d'oignons et de tomates, ratatouille égouttée…

CONSEIL

Meilleurs seront vos *antipasti*, meilleure sera la *foccacia*. Ce sera d'autant plus vrai si vous réalisez vous-même la pâte.

UNE IDÉE DE MENU ÉQUILIBRÉ

Foccacia aux *antipasti*, des fruits frais et un laitage.

POUR 4 PERSONNES
PRÉPARATION : 15 MIN
DIFFICULTÉ : TRÈS FACILE
COÛT : BON MARCHÉ

Baguette verdure au pavot et à la coriandre

- *1 baguette aux graines de pavot*
- *2 kiwis bien mûrs*
- *2 avocats mûrs*
- *1 concombre*
- *2 oignons nouveaux*
- *1 citron vert*
- *1/2 bouquet de coriandre*
- *1/2 cuil. à café de paprika*
- *1 pointe de piment*
- *5 cuil. à soupe d'huile d'olive*
- *Sel, poivre*

■ Pelez les kiwis et les avocats et coupez-les en lamelles. Sans l'éplucher, coupez le concombre en fins quartiers. Émincez les oignons. Pressez le citron vert. Ciselez la coriandre.

■ Préparez une vinaigrette avec le jus du citron vert, les épices, du sel et l'huile d'olive.

■ Coupez la baguette en tartines, assaisonnez d'un peu de vinaigrette, disposez le concombre, l'avocat et le kiwi. Garnissez d'oignon et de coriandre et arrosez du reste de vinaigrette. Servez.

POUR 8 PERSONNES
PRÉPARATION : 10 MIN
CUISSON : 35 MIN
REPOS : 1 H
DIFFICULTÉ : FACILE
COÛT : RAISONNABLE

Quiche aux trois fromages

- *4 œufs*
- *125 g de beurre + 10 g pour le moule*
- *100 g de comté*
- *100 g de reblochon*
- *100 g de mimolette vieille*
- *15 cl de crème fraîche liquide entière*
- *10 cl de lait entier*
- *250 g de farine*
- *1 à 2 pincées de muscade en poudre*
- *Sel, poivre*

■ Coupez le beurre en petits morceaux. Sur le plan de travail, versez la farine et 3 pincées de sel. Ajoutez le beurre et, du bout des doigts, intégrez le beurre à la farine. Vous devez obtenir un mélange à l'aspect sableux. Ajoutez alors 1 œuf et mélangez rapidement. Roulez la pâte en boule et laissez-la reposer environ 1 h.

■ Beurrez un moule à tarte. À l'aide d'un rouleau à pâtisserie, étalez la pâte et déposez-la dans le moule. Piquez-la avec une fourchette. Couvrez la pâte de papier sulfurisé et posez dessus des haricots secs afin d'éviter que la pâte ne lève à la cuisson. Enfournez pour 15 min à 200 °C (th. 6-7). Sortez et laissez tiédir.

■ Râpez le comté et la mimolette. Enlevez la croûte du reblochon et coupez-le en petits morceaux. Mélangez les fromages et répartissez-les sur la tarte. Dans un saladier, mélangez les 3 œufs restants, le lait et la crème. Salez, poivrez et ajoutez la muscade. Versez cette préparation sur les fromages. Enfournez pour 35 min. Sortez la tarte et démoulez-la avant de servir.

POUR 6 PERSONNES
PRÉPARATION : 30 MIN
CUISSON : 50 MIN
DIFFICULTÉ : FACILE
COÛT : RAISONNABLE

Quiche aux légumes du Midi

- *1 rouleau de pâte feuilletée*
- *4 tomates*
- *2 petites aubergines*
- *1 poivron rouge*
- *1 poivron jaune*
- *4 petites courgettes*
- *2 gros oignons*
- *2 gousses d'ail*
- *1 pincée d'herbes de Provence*
- *100 g de fromage frais de brebis*
- *20 cl de crème fraîche épaisse*
- *3 œufs*
- *3 cuil. à soupe d'huile d'olive*
- *Sel, poivre*

■ Préchauffez le four à 210 °C (th. 7). Pelez les tomates, ôtez les pépins et coupez-les en petits dés. Égouttez-les dans une passoire.

■ Lavez les légumes. Taillez en dés les poivrons épépinés, les courgettes et les aubergines. Dans une sauteuse, faites revenir successivement, à l'huile d'olive, les oignons émincés, les poivrons, les courgettes, les tomates concassées et enfin les aubergines. Ajoutez à chaque fois un peu d'huile. Retirez les légumes dès qu'ils sont bien colorés et laissez-les tiédir.

■ Étalez la pâte feuilletée dans un moule à quiche. Piquez-la à l'aide d'une fourchette. Mélangez aux légumes l'ail haché et les herbes de Provence.

■ Dans un saladier, écrasez à la fourchette le fromage de brebis frais. Ajoutez les œufs, la crème fraîche, et mélangez. Salez et poivrez. Étalez les légumes sur le fond de tarte et couvrez-les avec la préparation au fromage de brebis. Enfournez pendant 35 à 40 min.

VARIANTE

À défaut de fromage de brebis frais, vous pouvez utiliser de la feta mais, dans ce cas, faites attention de ne pas trop saler, la feta l'est suffisamment.

POUR 6 PERSONNES
PRÉPARATION : 30 MIN
CUISSON : 1 H
DIFFICULTÉ : FACILE
COÛT : RAISONNABLE

Quiche tomates-mozzarella-basilic

– 1 rouleau de pâte brisée
– 4 belles tomates
– 125 g de mozzarella fraîche
– 1 bouquet de basilic frais
– 3 œufs
– 20 cl de crème fraîche
– Sel, poivre

■ Préchauffez le four à 200 °C (th. 6-7). Étalez la pâte brisée dans un moule et piquez le fond de tarte avec une fourchette. Faites-le cuire à blanc, au four, pendant 15 min (voir p. 52).

■ Pelez les tomates, c'est très facile quand elles sont bien mûres (sinon plongez-les 30 s dans une casserole d'eau bouillante et rafraîchissez-les immédiatement sous l'eau froide). Ôtez les pépins. Égouttez-les dans une passoire. Découpez-les en morceaux et garnissez-en le fond de tarte.

■ Coupez la mozzarella en dés et disposez-les sur les tomates. Lavez le basilic sous l'eau froide. Épongez-le avec du papier absorbant, puis ciselez-le. Parsemez-le sur les tomates et la mozzarella. Battez les oeufs entiers et la crème fraîche dans un saladier, salez, poivrez et versez le mélange sur la garniture.

■ Glissez le moule dans le four et enfournez pendant 40 min. Démoulez après avoir laissé légèrement tiédir.

CONSEIL

Si vous avez le choix, préférez la mozzarella au lait de bufflonne à celle au lait de vache, qui est beaucoup moins goûteuse.

POUR 6 PERSONNES
PRÉPARATION : 30 MIN
CUISSON : 1 H
DIFFICULTÉ : FACILE
COÛT : RAISONNABLE

Tarte à la paysanne

- *1 rouleau de pâte brisée*
- *100 g de jambon cru*
- *1 poireau*
- *400 g de champignons de Paris*
- *100 g de comté*
- *40 g de beurre*
- *3 œufs*
- *20 cl de crème fraîche*
- *Sel, poivre*

■ Préchauffez le four à 180 °C (th. 6). Déroulez la pâte brisée dans un moule à tarte et piquez le fond avec une fourchette. Réservez.

■ Nettoyez soigneusement les champignons de Paris. Émincez-les. Coupez le poireau en deux dans la longueur. Lavez-le soigneusement, épongez-le, puis émincez-le.

■ Faites revenir le poireau et les champignons dans le beurre jusqu'à ce qu'ils soient tendres et que l'eau de cuisson soit évaporée. Ajoutez le jambon taillé en dés. Salez peu et poivrez.

■ Dans un saladier, battez ensemble les œufs, la crème fraîche et le comté finement râpé.

■ Répartissez la garniture sur le fond de tarte, puis versez dessus la crème aux œufs et au fromage. Faites cuire au four à 180 °C (th. 6) pendant 40 min et servez bien chaud.

VARIANTE

Vous pouvez également réaliser cette recette avec d'autres variétés de champignons : des cêpes, des pleurotes ou encore des girolles.

POUR 6 PERSONNES
PRÉPARATION : 30 MIN
CUISSON : 50 MIN
DIFFICULTÉ : FACILE
COÛT : RAISONNABLE

Tarte au beaufort

- *1 rouleau de pâte brisée*
- *500 g de beaufort*
- *150 g de jambon*
  de Savoie en tranches
- *25 cl de crème fraîche*
  épaisse
- *15 cl de lait*
- *3 œufs*
- *1 pincée de noix muscade*
  moulue
- *Sel, poivre*

■ Préchauffez le four à 180 °C (th. 6). Déroulez la pâte brisée dans un moule à tarte et piquez le fond avec une fourchette. Réservez.

■ Râpez le beaufort. Dans un saladier, battez ensemble les œufs, la crème fraîche, le lait et 400 g de beaufort. Salez et poivrez. Parfumez avec la noix muscade.

■ Répartissez les tranches de jambon de Savoie sur le fond de tarte. Couvrez avec la préparation aux œufs et au fromage. Dispersez le restant de beaufort sur la quiche.

■ Enfournez immédiatement et faites cuire pendant 50 min à 180 °C (th. 6). Démoulez la tarte et servez-la bien chaude, accompagnée d'une salade verte.

POUR 6 PERSONNES
PRÉPARATION : 20 MIN
CUISSON : 40 MIN
DIFFICULTÉ : FACILE
COÛT : RAISONNABLE

Tarte au munster et au cumin

- *1 rouleau de pâte brisée*
- *250 g de munster*
- *200 g de fromage blanc en faisselle*
- *4 œufs*
- *20 cl de crème fraîche*
- *1 cuil. à soupe de graines de cumin*
- *Sel, poivre*

■ Préchauffez le four à 210 °C (th. 7). Détaillez le munster en tranches minces.

■ Dans un saladier, battez ensemble le fromage blanc, la crème fraîche et les œufs. Ajoutez le cumin. Salez légèrement et poivrez.

■ Abaissez la pâte dans un moule à tarte et piquez le fond à la fourchette. Répartissez la moitié des tranches de munster sur le fond de tarte, versez la préparation aux œufs et couvrez avec le reste du munster.

■ Glissez le moule dans le four et faites cuire 40 min, jusqu'à ce que le dessus soit bien doré. Laissez reposer 5 min avant de démouler et dégustez chaud.

VARIANTE

Si vous ne disposez pas de graines de cumin, vous pouvez ajouter 1 cuil. à café de cumin en poudre dans l'appareil à quiche.

POUR 6 PERSONNES
PRÉPARATION : 30 MIN
CUISSON : 45 MIN
DIFFICULTÉ : FACILE
COÛT : BON MARCHÉ

Tarte courgettes-feta-tomates

- *1 rouleau de pâte feuilletée*
- *2 courgettes moyennes*
- *3 tomates*
- *200 g de feta au lait de brebis*
- *20 cl de crème fraîche*
- *3 œufs*
- *1 cuil. soupe d'huile d'olive*
- *1 petit bouquet de basilic frais*
- *1 pincée de noix muscade moulue*
- *Sel, poivre*

■ Préchauffez le four à 210 °C (th. 7). Déroulez la pâte feuilletée dans un moule à tarte. Piquez le fond de tarte avec une fourchette. Réservez-la au réfrigérateur.

■ Lavez les courgettes. Coupez-les en rondelles de 1 cm d'épaisseur environ et plongez-les 5 min dans une casserole d'eau bouillante salée. Rafraîchissez-les sous l'eau froide et égouttez. Réservez. Coupez les tomates en quatre. Éliminez leurs pépins et faites-les égoutter quelques minutes dans une passoire.

■ Couvrez le fond de tarte avec les rondelles de courgettes, puis avec la feta coupée en gros dés. Posez ensuite par-dessus quelques quartiers de tomate.

■ Dans un saladier, mélangez la crème fraîche, les œufs entiers et l'huile d'olive. Salez, poivrez et parfumez avec la noix muscade. Ajoutez le basilic préalablement lavé et ciselé.

■ Versez la préparation aux œufs sur la garniture. Glissez ensuite la tarte dans le four pendant environ 35 min.

POUR 6 PERSONNES
PRPARATION : 30 MIN
CUISSON : 45 MIN
DIFFICULTÉ : FACILE
COÛT : RAISONNABLE

Quiche champignons et tomates séchées

- *1 rouleau de pâte brisée*
- *250 g de champignons de Paris*
- *3 oignons blancs*
- *2 cuil. à soupe d'huile d'olive*
- *90 g de tomates séchées émincées dans l'huile*
- *25 cl de crème fraîche épaisse*
- *3 œufs*
- *90 g de gruyère râpé*
- *Sel, poivre*

■ Préchauffez le four à 180 °C (th. 6). Étalez la pâte brisée dans un moule à quiche. Piquez le fond de tarte en plusieurs endroits à l'aide d'une fourchette.

■ Lavez et émincez les champignons de Paris. Pelez et hachez les oignons blancs. Faites chauffer l'huile d'olive dans une poêle et faites-y revenir les oignons pendant 5 min. Ajoutez les champignons. Faites cuire à feu vif jusqu'à évaporation de l'eau des champignons. Enfin, ajoutez les tomates préalablement coupées en morceaux. Salez, poivrez et réservez.

■ Dans un saladier, fouettez la crème fraîche et les œufs entiers pour obtenir un mélange homogène. Salez et poivrez légèrement.

■ Garnissez le fond de tarte avec la préparation aux champignons. Nappez-les du mélange œufs-crème fraîche. Couvrez avec le gruyère râpé. Enfournez pendant 30 à 35 min, jusqu'à ce que la quiche soit bien dorée. Servez chaud ou tiède.

VARIANTES

Selon votre goût, vous pouvez remplacer les champignons de Paris par des cèpes, des pleurotes ou encore des girolles.

POUR 6 PERSONNES
PRÉPARATION : 30 MIN
CUISSON : 1 H
DIFFICULTÉ : FACILE
COÛT : BON MARCHÉ

Tarte au chèvre et à la menthe

– 1 rouleau de pâte brisée
– 750 g de pommes de terre
– 300 g de fromage
  de chèvre frais
– 1 gros bouquet de menthe
– 4 œufs
– 25 cl de crème fraîche
  liquide
– Sel, poivre

■ Lavez les pommes de terre. Faites-les cuire à la vapeur dans un autocuiseur, pendant 10 à 15 min, suivant leur taille. Elles doivent rester entières. Épluchez-les, puis coupez-les en rondelles.

■ Préchauffez le four à 200 °C (th. 6-7). Lavez et ciselez la menthe. Étalez la pâte brisée dans un moule à tarte et piquez le fond avec les dents d'une fourchette.

■ Dans un bol, écrasez le fromage de chèvre frais à la fourchette. Ajoutez les œufs entiers et la crème liquide. Battez le tout au fouet. Le mélange doit être homogène. Salez et poivrez. Ajoutez la menthe.

■ Tapissez le fond de tarte avec les pommes de terre. Versez dessus le mélange œufs-fromage-menthe. Faites cuire pendant environ 40 min.

POUR 6 PERSONNES
PRÉPARATION : 30 MIN
CUISSON : 50 MIN
DIFFICULTÉ : FACILE
COÛT : BON MARCHÉ

Quiche
aux courgettes

- *1 rouleau de pâte brisée*
- *4 courgettes*
- *3 œufs*
- *20 cl de crème fraîche épaisse*
- *1 cuil. à soupe d'huile d'olive*
- *80 g de chapelure*
- *2 cuil. à soupe de parmesan râpé*
- *2 cuil. à soupe de basilic haché*
- *1 pincée de noix muscade moulue*
- *Quelques gouttes de Tabasco*
- *Sel, poivre*

■ Préchauffez le four à 180 °C (th. 6). Étalez la pâte brisée dans un moule à quiche. Piquez le fond de tarte en plusieurs endroits à l'aide d'une fourchette. Réservez au frais.

■ Lavez soigneusement les courgettes. Débitez-les en rondelles de 1 cm d'épaisseur. Faites-les blanchir 5 min dans une grande quantité d'eau bouillante salée. Rafraîchissez-les ensuite sous l'eau froide et égouttez-les.

■ Dans un saladier, mélangez les œufs entiers avec la crème fraîche et l'huile d'olive. Ajoutez la chapelure, le parmesan, le basilic, la noix muscade et quelques gouttes de Tabasco. Salez et poivrez

■ Répartissez régulièrement les rondelles de courgettes sur le fond de tarte. Couvrez-les avec le mélange œufs-crème fraîche.

■ Enfournez pendant 35 à 40 min. Au terme de la cuisson, laissez tiédir légèrement et servez.

POUR 6 PERSONNES
PRÉPARATION : 30 MIN
CUISSON : 1 H
DIFFICULTÉ : FACILE
COÛT : BON MARCHÉ

Tarte à la fondue d'endives

- *1 rouleau de pâte brisée*
- *3 endives*
- *2 oignons*
- *1 cuil. à soupe d'huile d'olive*
- *4 œufs*
- *25 cl de crème fraîche*
- *2 pincées de mélange cinq-épices*
- *Sel, poivre*

▓ Préchauffez le four à 180 °C (th. 6). Déroulez la pâte brisée dans un moule à tarte et piquez le fond en plusieurs endroits avec une fourchette. Réservez.

▓ Versez 50 cl d'eau dans une casserole. Ajoutez les endives et portez à ébullition. Baissez le feu, couvrez et laissez cuire 10 min à petits bouillons. Rafraîchissez les endives sous l'eau froide et égouttez-les. Éliminez la base des endives et coupez-les en lamelles.

▓ Pelez, émincez les oignons et faites-les blondir dans une poêle avec l'huile d'olive.

▓ Dans un saladier, battez les œufs et la crème fraîche. Salez, poivrez et ajoutez le mélange d'épices cinq-parfums.

▓ Tapissez le fond de tarte avec les oignons et les endives, puis versez le mélange œufs-crème fraîche sur les légumes. Glissez le moule dans le four et faites cuire pendant 40 min.

CONSEIL

À défaut de mélange d'épices cinq-parfums, vous pouvez également utiliser 1 cuil. à café de curry dans cette recette.

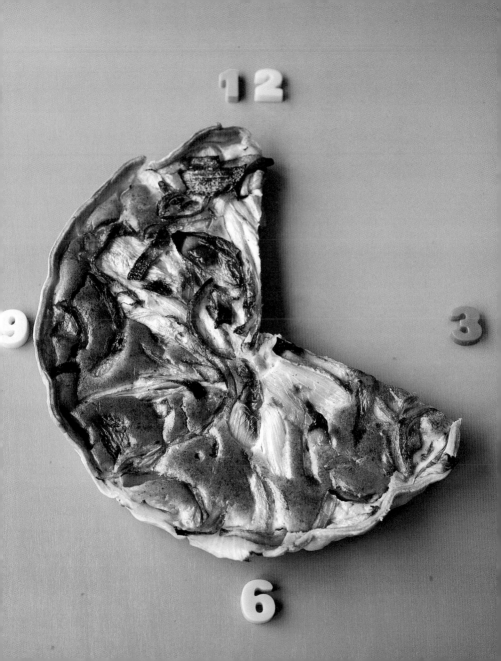

POUR 6 PERSONNES
PRÉPARATION : 30 MIN
CUISSON : 1 H 20
DIFFICULTÉ : FACILE
COÛT : BON MARCHÉ

Tarte à l'oignon

- *1 rouleau de pâte brisée*
- *1 kg d'oignons*
- *125 g de poitrine fumée*
- *2 cuil. à soupe d'huile végétale*
- *10 g de beurre*
- *3 œufs*
- *30 cl de crème fraîche liquide*
- *2 pincées de noix muscade moulue*
- *Sel, poivre*

■ Épluchez les oignons et coupez-les en rondelles bien fines. Faites chauffer l'huile dans une grande poêle. Ajoutez les oignons et faites-les dorer doucement pendant 25 à 30 min. Ils doivent être légèrement caramélisés. Salez et poivrez généreusement.

■ Préchauffez le four à 210 °C (th. 7). Déroulez la pâte brisée dans un moule à tarte et piquez le fond avec une fourchette.

■ Coupez la poitrine fumée en lardons. Mettez-les dans une casserole, couvrez d'eau froide et portez à ébullition. Laissez cuire 5 min, rafraîchissez-les sous l'eau froide, puis égouttez.

■ Faites chauffer le beurre dans une poêle et faites-y dorer les lardons 5 min (ils doivent rester moelleux, à peine croustillants), puis égouttez.

■ Tapissez le fond de tarte avec les oignons et les lardons. Tassez bien la garniture avec le dos d'une cuillère. Dans un saladier, battez les œufs en omelette avec la crème liquide et la noix muscade. Salez et poivrez. Versez sur la garniture. Enfournez pendant 40 min.

POUR 6 PERSONNES
PRÉPARATION : 30 MIN
CUISSON : 50 MIN
DIFFICULTÉ : FACILE
COÛT : BON MARCHÉ

Tarte chèvre-tomates

- *1 rouleau de pâte brisée*
- *4 belles tomates*
- *150 g de fromage de chèvre en bûche*
- *3 œufs*
- *20 cl de crème fraîche liquide*
- *2 cuil. à soupe d'huile d'olive*
- *Sel, poivre*

■ Préchauffez le four à 200 °C (th. 6-7). Déroulez la pâte brisée dans un moule à tarte et piquez le fond avec une fourchette. Recouvrez de papier sulfurisé et ajoutez des haricots secs. Faites cuire à blanc, 15 min.

■ Lavez les tomates. Coupez-les en rondelles épaisses et retirez les pépins. Coupez le fromage de chèvre en rondelles.

■ Dans un saladier, battez ensemble les œufs, la crème liquide et l'huile d'olive. Salez et poivrez le mélange.

■ Tapissez le fond de la tarte de rondelles de tomates et de fromage de chèvre. Versez dessus l'appareil à quiche. Faites cuire au four à 200 °C (th. 6-7) pendant 35 min.

POUR 6 PERSONNES
PRÉPARATION : 30 MIN
CUISSON : 1 H
DIFFICULTÉ : FACILE
COÛT : RAISONNABLE

Tarte au bœuf haché et au curry

- *1 rouleau de pâte brisée*
- *750 g de bœuf haché*
- *150 g de petits pois écossés*
- *50 g de raisins secs*
- *2 oignons*
- *Le jus de 1 citron vert*
- *2 œufs*
- *20 cl de crème fraîche épaisse*
- *1 cuil. à soupe de curry en poudre*
- *2 cuil. à soupe d'huile d'olive*
- *Sel, poivre*

Pour la sauce
- *1 pot de yaourt nature battu*
- *Le jus de 1 citron vert*
- *1 petit bouquet de coriandre*

■ Mettez les raisins secs à tremper dans un bol d'eau bouillante pendant 15 min. Pendant ce temps, épluchez et hachez les oignons. Faites chauffer l'huile d'olive dans une poêle et faites revenir les oignons pendant 5 min. Ajoutez le curry, puis la viande hachée. Faites cuire 5 min à feu vif. Réservez.

■ Jetez les petits pois dans de l'eau bouillante salée et laissez-les cuire 5 min, puis égouttez-les.

■ Préchauffez le four à 180 °C (th. 6). Étalez la pâte brisée dans un moule et piquez le fond de tarte avec une fourchette.

■ Dans un saladier, mélangez la viande avec la crème fraîche et les œufs entiers. Ajoutez les raisins secs égouttés, les petits pois et le jus de citron vert. Salez et poivrez. Versez cette préparation sur le fond de tarte et enfournez pendant 35 min.

■ Lorsque la tarte est bien dorée, laissez-la tiédir quelques minutes. Servez-la avec la sauce que vous aurez préparée en mélangeant le yaourt nature, le jus de citron vert et la coriandre hachée.

POUR 6 PERSONNES
PRÉPARATION : 30 MIN
CUISSON : 1 H
DIFFICULTÉ : FACILE
COÛT : RAISONNABLE

Tarte au poulet et aux champignons

- *1 rouleau de pâte feuilletée*
- *3 blancs de poulet*
- *300 g de champignons de Paris*
- *2 échalotes*
- *5 brins de persil*
- *30 g de beurre*
- *1 citron non traité*
- *1 cuil. à soupe d'huile végétale*
- *3 œufs*
- *25 cl de crème fraîche*
- *100 g de gruyère râpé*
- *2 pincées de noix muscade*
- *Sel, poivre*

■ Lavez le citron. Prélevez-en le zeste et pressez le jus. Coupez les blancs de poulet en petits dés. Versez dessus le jus et le zeste de citron. Ajoutez l'huile. Salez et poivrez. Mélangez. Réservez au frais.

■ Préchauffez le four à 210 °C (th. 7). Déroulez la pâte dans un moule à tarte et piquez-la à la fourchette. Faites-la cuire à blanc (voir p. 52) 10 min. Lavez et ciselez le persil. Pelez et émincez les échalotes. Coupez la base des champignons. Passez-les sous l'eau et émincez-les.

■ Faites fondre le beurre dans une poêle. Ajoutez les dés de poulet égouttés, faites-les dorer à feu vif pendant 5 min, puis retirez-les de la poêle. Dans la même poêle, mettez à fondre les échalotes. Dès qu'elles sont translucides, ajoutez les champignons. Faites-les cuire 5 min à feu vif. Retirez l'eau de cuisson qui ne se serait pas évaporée. Salez et poivrez.

■ Dans un bol, battez les œufs avec la crème fraîche, le persil et la noix muscade. Salez et poivrez. Tapissez le fond de la tarte de gruyère râpé et de poulet. Couvrez avec les champignons. Ajoutez le mélange œufs-crème fraîche. Enfournez 30 à 35 min.

POUR 6 PERSONNES
PRÉPARATION : 30 MIN
REPOS : 30 MIN
CUISSON : 50 MIN
DIFFICULTÉ : FACILE
COÛT : RAISONNABLE

Tarte poulet-curry-tomates

- 1 rouleau de pâte feuilletée
- 300 g de blanc de poulet
- 2 petites courgettes fermes
- 3 tomates
- 2 cuil. à soupe de curry
- Le jus de 1/2 citron jaune
- 1 cuil. à soupe de sauce soja
- 20 cl de crème fraîche
- 3 œufs
- Sel, poivre

■ Détaillez le blanc de poulet en fines lamelles ou en dés. Dans un saladier, couvrez-les de la poudre de curry. Ajoutez le jus du demi-citron et la sauce soja. Mélangez bien, puis couvrez d'un film alimentaire et gardez au réfrigérateur au moins 30 min.

■ Lavez les courgettes. Coupez-les en rondelles de 1 cm d'épaisseur environ et plongez-les 5 min dans une casserole d'eau bouillante salée. Rafraîchissez-les sous l'eau froide et égouttez-les. Réservez. Lavez les tomates et coupez-les en quatre. Éliminez leurs pépins et faites-les égoutter quelques minutes.

■ Préchauffez le four à 210 °C (th. 7). Déroulez la pâte feuilletée dans un moule à tarte. Piquez le fond de tarte avec une fourchette. Réservez-la au réfrigérateur.

■ Faites revenir le poulet à feu vif 5 min dans une poêle antiadhésive. Couvrez le fond de tarte avec les morceaux de poulet cuits et les rondelles de courgettes. Ajoutez les quartiers de tomates. Dans un saladier, mélangez la crème fraîche et les œufs. Salez et poivrez. Versez la préparation sur la garniture. Enfournez 35 min.

POUR 6 PERSONNES
PRÉPARATION : 30 MIN
CUISSON : 1 H
DIFFICULTÉ : FACILE
COÛT : RAISONNABLE

Tourte flamande

- *1 rouleau de pâte brisée*
- *2 poireaux*
- *2 oignons*
- *200 g de poitrine fumée*
- *1 maroilles*
- *30 g de beurre*
- *3 œufs*
- *20 cl de crème fraîche*
- *2 pincées de noix muscade moulue*
- *Sel, poivre*

■ Préchauffez le four à 180 °C (th. 6). Déroulez la pâte dans un moule à tarte et piquez-la à la fourchette.

■ Éliminez le vert des poireaux. Coupez les blancs de poireaux dans le sens de la longueur, lavez-les à l'eau courante. Égouttez-les et coupez-les en rondelles. Épluchez et émincez les oignons. Dans une poêle, faites fondre les poireaux et les oignons avec le beurre 10 min.

■ Coupez la poitrine fumée en lardons. Mettez-les dans une casserole, couvrez d'eau froide et portez à ébullition. Laissez cuire 5 min, égouttez puis ajoutez-les aux oignons et aux poireaux. Faites cuire encore 5 min. Éliminez, si nécessaire, l'eau de cuisson qui ne s'est pas évaporée. Réservez.

■ Coupez le maroilles en lamelles en gardant la croûte. Dans un saladier, mélangez les œufs, la crème fraîche et la noix muscade. Salez et poivrez.

■ Répartissez la garniture sur le fond de tarte. Couvrez des lamelles de maroilles. Versez l'appareil à quiche. Enfournez 35 à 40 min.

POUR 6 PERSONNES
PRÉPARATION : 30 MIN
CUISSON : 50 MIN
DIFFICULTÉ : FACILE
COÛT : RAISONNABLE

Quiche aux poireaux et aux magrets fumés

- *1 rouleau de pâte brisée*
- *5 blancs de poireaux*
- *20 tranches de magret de canard fumé environ*
- *25 cl de crème fraîche épaisse*
- *4 œufs*
- *3 cuil. à soupe d'huile d'olive*
- *Sel, poivre*

■ Préchauffez le four à 210 °C (th. 7). Fendez les poireaux en deux dans la longueur. Lavez-les soigneusement, épongez-les puis émincez-les.

■ Faites chauffer l'huile d'olive dans une poêle et faites-y fondre les poireaux pendant 10 min. Lorsqu'ils sont tendres, égouttez-les dans une passoire si leur eau de cuisson n'est pas totalement évaporée.

■ Versez la crème fraîche dans un saladier, ajoutez les œufs entiers, du sel, du poivre, et fouettez jusqu'à l'obtention d'une préparation homogène.

■ Déroulez la pâte brisée dans un moule à tarte et piquez le fond avec une fourchette. Étalez les poireaux sur le fond de tarte. Répartissez les tranches de magret de canard sur les poireaux, puis couvrez avec la préparation aux œufs.

■ Enfournez pendant 30 à 35 min, jusqu'à ce que la quiche soit bien dorée. Servez tiède.

POUR 6 PERSONNES
PRPARATION : 30 MIN
CUISSON : 55 MIN
DIFFICULTÉ : FACILE
COÛT : RAISONNABLE

Quiche safranée au jambon et à la tomate

- *1 rouleau de pâte brisée*
- *3 gros oignons*
- *5 tomates moyennes bien mûres*
- *150 g de lard fumé*
- *150 g de dés de jambon*
- *2 œufs entiers + 2 jaunes*
- *40 cl de crème fraîche*
- *20 g de beurre*
- *1 dosette de filaments de safran (ou du safran en poudre ou du curry)*
- *1 cuil. à soupe d'herbes fraîches (thym, ciboulette, persil)*
- *1 pincée de noix muscade moulue*
- *Sel, poivre*

■ Préchauffez le four à 200 °C (th 6-7). Déroulez la pâte dans un moule à tarte et piquez-la à la fourchette. Coupez la poitrine en lardons. Mettez-les dans une casserole, couvrez d'eau froide et portez à ébullition. Laissez cuire 5 min, rafraîchissez-les sous l'eau froide, puis égouttez.

■ Épluchez les oignons, puis coupez-les en petits morceaux. Faites-les dorer doucement avec le beurre pendant 3 min. Ajoutez les lardons et faites dorer encore 5 min, puis égouttez.

■ Pelez les tomates. Ôtez les pépins et coupez-les en petits dés. Égouttez-les dans une passoire.

■ Battez les œufs entiers et les jaunes avec la crème fraîche, le safran, les herbes fraîches et la noix muscade. Salez et poivrez.

■ Étalez le mélange oignons-lardons, les dés de jambon et les tomates sur le fond de tarte. Couvrez avec le mélange œufs-crème-épices et faites cuire 40 min à 180 °C (th. 6). Démoulez et servez sans attendre.

POUR 6 PERSONNES
PRÉPARATION : 30 MIN
CUISSON : 50 MIN
DIFFICULTÉ : FACILE
COÛT : BON MARCHÉ

Quiche lorraine

- *1 rouleau de pâte brisée*
- *100 g de poitrine fumée*
- *100 g de gruyère râpé*
- *25 cl de crème fraîche épaisse*
- *2 œufs entiers + 2 jaunes*
- *1 cuil. à soupe d'huile d'arachide*
- *1 pincée de noix muscade moulue*
- *Sel, poivre*

■ Préchauffez le four à 210 °C (th. 7). Déroulez la pâte brisée dans un moule à tarte et piquez le fond en plusieurs endroits à l'aide d'une fourchette.

■ Coupez la poitrine fumée en lardons. Mettez-les dans une casserole, couvrez d'eau froide et portez à ébullition. Laissez cuire 5 min, rafraîchissez-les sous l'eau froide puis égouttez.

■ Faites chauffer l'huile dans une poêle et faites-y dorer les lardons pendant 5 min (ils doivent rester moelleux, à peine croustillants), puis égouttez.

■ Dans un saladier, mélangez les œufs entiers, les jaunes et la crème fraîche. Salez, poivrez et parfumez avec la noix muscade.

■ Répartissez les lardons sur le fond de tarte. Couvrez avec la préparation aux œufs et parsemez de gruyère râpé. Enfournez la quiche pendant 30 à 35 min.

POUR 6 PERSONNES
PRÉPARATION : 30 MIN
CUISSON : 1 H 10
DIFFICULTÉ : FACILE
COÛT : BON MARCHÉ

Quiche
poivrons-lardons

- 1 rouleau de pâte brisée
- 100 g de poitrine fumée
- 2 poivrons rouges
- 20 g de beurre
- 25 cl de crème fraîche épaisse
- 2 œufs entiers + 2 jaunes
- 100 g de gruyère râpé
- 1 cuil. à soupe d'huile d'olive
- 1 pincée de noix muscade moulue
- Sel, poivre

■ Préchauffez le four à 200 °C (th. 6-7). Étalez la pâte brisée dans un moule et piquez le fond de tarte avec une fourchette. Faites-le cuire à blanc, au four, pendant 15 min.

■ Coupez la poitrine fumée en lardons. Mettez-les dans une casserole, couvrez d'eau froide et portez à ébullition. Laissez cuire 5 min, rafraîchissez-les sous l'eau froide, puis égouttez. Faites chauffer le beurre dans une poêle et faites-y dorer les lardons 5 min (ils doivent rester moelleux, à peine croustillants), puis égouttez.

■ Lavez les poivrons. Ouvrez-les, retirez les graines et les parties blanches. Taillez-les en lanières ou en dés. Faites chauffer l'huile d'olive dans une poêle et faites-y revenir les poivrons à feu vif pendant 5 min, puis retirez-les. Leur chair doit être tendre mais non brûlée.

■ Hors du feu, mélangez le fromage râpé, les lardons et les dés de poivrons. Poivrez. Ne salez pas, les lardons le sont suffisamment. Dans un saladier, mélangez les œufs entiers, les jaunes et la crème fraîche. Salez légèrement, poivrez et ajoutez la noix muscade.

■ Étalez la garniture sur le fond de tarte, puis couvrez avec la préparation aux œufs. Faites cuire 20 min à 200 °C (th. 6-7), puis réduisez la température à 180 °C (th. 6) et faites cuire encore 20 min.

POUR 6 PERSONNES
PRÉPARATION : 30 MIN
CUISSON : 1 H
DIFFICULTÉ : FACILE
COÛT : BON MARCHÉ

Tarte aux poireaux et au lard

- *1 rouleau de pâte feuilletée*
- *4 gros poireaux*
- *150 g de poitrine fumée tranchée*
- *30 g de beurre*
- *25 cl de crème fraîche épaisse*
- *3 œufs*
- *1 pincée de noix muscade moulue*
- *Sel, poivre*

■ Préchauffez le four à 210 °C (th. 7). Déroulez la pâte feuilletée dans un moule à tarte. Piquez le fond de tarte avec une fourchette. Réservez-la au réfrigérateur.

■ Éliminez le vert des poireaux. Coupez les blancs dans le sens de la longueur, lavez-les à l'eau courante. Égouttez-les et débitez-les en rondelles. Taillez les tranches de poitrine fumée en lardons.

■ Faites chauffer le beurre dans une poêle et faites fondre les poireaux pendant 10 min, à découvert, en veillant bien à ce qu'ils ne brûlent pas. Ajoutez les lardons aux poireaux et poursuivez la cuisson pendant 10 min. Égouttez si l'eau de cuisson n'est pas complètement évaporée. Réservez.

■ Dans un saladier, mélangez les œufs entiers avec la crème fraîche. Salez, poivrez et parfumez avec la noix muscade.

■ Répartissez le mélange de poireaux et de lardons sur la pâte à tarte. Couvrez avec l'appareil à quiche. Faites cuire au four pendant 30 à 35 min, jusqu'à ce que la tarte soit dorée. Servez chaud.

POUR 6 PERSONNES
PRÉPARATION : 20 MIN
CUISSON : 30 MIN
DIFFICULTÉ : FACILE
COÛT : BON MARCHÉ

Tarte chaude
à la moutarde

– *1 rouleau de pâte feuilletée*
– *3 tomates*
– *4 ou 5 cuil. à soupe*
 de moutarde de Dijon
– *2 tranches de jambon blanc*
– *200 g de gruyère râpé*
– *20 cl de crème fraîche*
– *2 œufs*
– *Sel, poivre*

■ Préchauffez le four à 210 °C (th. 7). Déroulez la pâte feuilletée dans un moule à tarte. Piquez le fond de tarte à la fourchette. Réservez au réfrigérateur.

■ Tranchez finement les tomates. Faites-les égoutter quelques minutes dans une passoire.

■ Badigeonnez le fond de la tarte avec la moutarde. Posez par-dessus le jambon de façon à recouvrir toute la surface. Disposez les rondelles de tomates sur le jambon.

■ Dans un saladier, mélangez la crème fraîche, les œufs et le gruyère râpé. Salez et poivrez. Versez la préparation sur la garniture. Enfournez et faites cuire pendant environ 30 min.

VARIANTES

Pour cette recette, vous pouvez également utiliser de la moutarde à l'ancienne qui apportera une note un peu plus acidulée à votre tarte. Vous pouvez également remplacer le jambon blanc par du jambon séché ou fumé. Dans ce cas, ne salez pas trop l'appareil à quiche, le jambon l'est suffisamment.

POUR 4 PERSONNES
PRÉPARATION : 15 MIN
CUISSON : 3 À 5 MIN
DIFFICULTÉ : FACILE
COÛT : RAISONNABLE

Croque brioché à la confiture d'oignons et aux foies de volaille

- *8 tranches de pain brioché*
- *200 g de foies de volaille*
- *1 poignée de roquette (100 g)*
- *3 cuil. à soupe de mascarpone*
- *3 cuil. à soupe de confiture d'oignons*
- *2 cuil. à soupe de vinaigre balsamique*
- *2 cuil. à soupe d'huile de tournesol*
- *40 g de beurre mou*
- *Sel, poivre*

Matériel
- *Appareil à croques*

■ Dénervez les foies de volaille, séparez les 2 lobes, rincez-les sous un filet d'eau et égouttez-les. Salez et poivrez. Faites chauffer l'huile et poêlez les foies de volaille 2 min en les retournant pour bien faire dorer tous les côtés. Déglacez avec le vinaigre balsamique. Réservez. Rincez et essorez la roquette.

■ Beurrez les tranches de pain brioché et salez-les. Tartinez le côté non beurré de 4 d'entre elles avec du mascarpone, salez et poivrez, disposez une couche de confiture d'oignons, puis un peu de roquette et, enfin, les foies de volaille grossièrement émincés. Recouvrez avec la deuxième tranche de pain, côté beurré vers l'extérieur.

■ Faites cuire de 3 à 5 min dans l'appareil jusqu'à ce que le pain soit bien doré ; servez.

VARIANTES

Vous pouvez remplacer les foies de volaille frais par des foies confits ou des gésiers.

CONSEIL

Pour préparer vous-même de la confiture d'oignons, émincez 3 gros oignons, salez, poivrez et faites revenir à feu doux dans un peu d'huile, pendant 10 min ; ajoutez 1 grosse cuillerée à soupe de sucre et faites caraméliser encore 5 min avec un peu d'eau, si besoin.

POUR 4 PERSONNES
PRÉPARATION : 35 MIN
CUISSON : 20 MIN
DIFFICULTÉ : FACILE
COÛT : CHER

Tartine chic au foie gras et chutney de figues

- *4 larges tranches de pain de campagne*
- *120 g de foie gras de canard*
- *20 figues sèches*
- *4 figues fraîches*
- *2 échalotes*
- *20 cl de banyuls*
- *10 cl d'eau*
- *1 zeste d'orange*
- *1 clou de girofle*
- *1 bâton de cannelle*
- *Quelques pluches de cerfeuil*
- *1 filet d'huile d'olive*
- *1 cuil. à soupe d'huile d'arachide*
- *Fleur de sel, poivre du moulin*

Matériel
- *Mixeur*

■ Mettez le foie gras au réfrigérateur. Pelez et émincez finement les échalotes. Faites-les revenir 5 min dans l'huile d'arachide.

■ Ajoutez les figues sèches, versez dessus le banyuls, l'eau, ajoutez le zeste d'orange, le clou de girofle et le bâton de cannelle. Portez à frémissement, baissez le feu et laissez réduire 20 min. Lorsque les figues ont complètement refroidi, passez-les au mixeur.

■ Sortez le foie gras du réfrigérateur et coupez-les en tranches très fines. Toastez légèrement les tranches de pain et tartinez-les de purée de figues, puis disposez harmonieusement le foie gras. Assaisonnez-les de sel, de poivre et d'un petit filet d'huile d'olive. Parsemez de cerfeuil.

■ Lavez et séchez les figues fraîches et décorez chaque tartine avec une figue coupée en quartiers avant de servir.

CONSEIL

La quantité de chutney est supérieure aux besoins, mais elle se conserve plusieurs mois dans une boîte hermétique, au frais.

POUR 4 PERSONNES
PRÉPARATION : 35 MIN
MARINADE : 4 H
CUISSON : 1 MIN
DIFFICULTÉ : FACILE
COÛT : CHER

Poilâne toasté au tartare de magret

- *4 larges tranches de pain Poilâne*
- *150 g de tranches de magret de canard fumé*
- *100 g de mâche*
- *2 cuil. à soupe de cacahuètes non salées*
- *2 cuil. à soupe de vinaigre de framboise*
- *Poivre du moulin*

Pour la marinade
- *2 cuil. à soupe d'huile de noisette*
- *1/2 cuil. à café de cumin moulu*
- *1/2 cuil. à café de graines d'anis en poudre*
- *1/2 cuil. à café de coriandre moulue*
- *1/2 cuil. à café de curry*
- *1/2 cuil. à café de poivre rose*
- *1/2 cuil. à café de poivre noir*
- *1/2 cuil. à soupe de sel*

■ Éliminez le gras des tranches de magret et coupez-les en très petits dés.

■ Préparez la marinade en mélangeant, au fond d'un plat, l'huile de noisette et l'assortiment d'épices et de poivres ; salez. Déposez les dés de magret dans le plat et faites mariner 4 h au frais. Mélangez de temps en temps.

■ Écrasez légèrement les cacahuètes, incorporez le vinaigre de framboise et assaisonnez la viande de ce mélange.

■ Faites toaster légèrement les tranches de pain, coupez-les en deux, puis assaisonnez-les avec la marinade. Déposez un peu de mâche, puis une bonne cuillerée de tartare de canard. Donnez quelques tours de moulin à poivre juste avant de servir.

POUR 4 PERSONNES
PRÉPARATION : 20 MIN
CUISSON : 10 MIN
DIFFICULTÉ : TRÈS FACILE
COÛT : RAISONNABLE

Croque-madame aux œufs de caille

- *8 grandes tranches de pain de mie*
- *8 œufs de caille*
- *125 g d'emmental*
- *4 tranches de jambon blanc*
- *2 tomates*
- *50 g de beurre*
- *Sel, poivre*

Matériel
- *Appareil à croques*

■ Beurrez les tranches de pain, salez-les et poivrez-les. Coupez le fromage en fines lamelles. Détaillez les tomates en rondelles.

■ Étalez sur le côté non beurré de 4 tranches de pain des lamelles de fromage, 1 ou 2 tranches de jambon ajustées à la taille du pain et 2 rondelles de tomates. Recouvrez avec les autres tranches de pain, côté beurré vers l'extérieur.

■ Faites cuire les croques dans l'appareil jusqu'à ce que le fromage fonde. Préparez des œufs sur le plat dans une petite poêle.

■ Coupez les croques en 2 triangles, glissez 1 œuf sur chacun et dégustez.

POUR 4 PERSONNES
PRÉPARATION : 15 MIN
CUISSON : 8 MIN
DIFFICULTÉ : TRÈS FACILE
COÛT : RAISONNABLE

Croque de pain d'épice aux figues et au parme

- *8 fines tranches de pain d'épice*
- *4 belles figues bien mûres*
- *4 fines et larges tranches de jambon de Parme*
- *1 petite poignée de mesclun*
- *2 cuil. à café de cassonade*
- *2 cuil. à soupe de vinaigre balsamique*
- *40 g de beurre mou*
- *Sel, poivre*

Matériel
- *Appareil à croques*

■ Lavez, séchez les figues et coupez-les en quatre. Prélevez une petite noisette de beurre et faites-la fondre dans une poêle ; faites revenir les quartiers de figues pendant 2 à 3 min en les retournant. Saupoudrez de cassonade, de sel et de poivre, mouillez avec le vinaigre balsamique et prolongez la cuisson encore 2 min. Réservez.

■ Nettoyez le mesclun et essorez-le soigneusement. Beurrez les tranches de pain d'épice, salez-les et poivrez-les. Sur la moitié d'entre elles, sur le côté non beurré, répartissez le mesclun, les figues et le jambon de Parme en le pliant en deux, et recouvrez du reste de pain d'épice, côté beurré vers l'extérieur.

■ Faites cuire dans l'appareil à croques pendant 3 min et servez.

VARIANTES
Vous pouvez remplacer les figues par des abricots ou des pruneaux et le parme par de la bresaola ou du jambon de montagne.

SUGGESTION DE MENU
Accompagnez d'une salade d'herbes, servez ensuite un magret de canard laqué aux épices et terminez avec une charlotte aux fruits.

POUR 4 PERSONNES
PRÉPARATION : 20 MIN
CUISSON : 15 MIN
DIFFICULTÉ : FACILE
COÛT : BON MARCHÉ

Velouté de courgettes aux miettes de chèvre

- *1 kg de courgettes*
- *2 oignons*
- *1 bouquet de cerfeuil*
- *50 g d'olives noires à la grecque dénoyautées*
- *2 fromages de chèvre sec (type crottin de Chavignol ou rocamadour)*
- *1 tablette de bouillon de volaille*
- *2 cuil. à soupe de crème fraiche épaisse entière*
- *2 cuil. à soupe d'huile d'olive*
- *Quelques feuilles de menthe*
- *Sel, poivre*

■ Épluchez les courgettes, coupez-les en quatre et retirez les graines. Épluchez les oignons et hachez-les. Effeuillez le cerfeuil. Hachez les olives en gros morceaux, passez-les sous l'eau froide et égouttez-les. Coupez les fromages de chèvre en petits morceaux.

■ Dans une casserole, chauffez l'huile d'olive. Versez les oignons et les courgettes. Enrobez bien d'huile et cuisez 5 min. Couvrez d'eau froide et ajoutez la tablette de bouillon. Faites bouillir et laissez sur le feu quelques minutes. Les légumes sont juste cuits.

■ Ôtez du feu, ajoutez la crème et mixez longuement. Assaisonnez. Versez la soupe dans des bols et répartissez-y le fromage, le cerfeuil et les olives. Ajoutez quelques feuilles de menthe pour la décoration.

VARIANTES

Remplacez un peu d'eau par du lait de coco et le fromage et les olives par des lardons grillés.

CONSEIL

Ne faites pas trop cuire vos légumes, ils seront goûteux et bien verts.

UNE IDÉE DE MENU ÉQUILIBRÉ

Le velouté accompagné de pain grillé, une salade de tomates et une salade de fruits à la menthe.

POUR 4 PERSONNES
PRÉPARATION : 10 MIN
CUISSON : 20 MIN
DIFFICULTÉ : FACILE
COÛT : BON MARCHÉ

Taboulé de quinoa

- 200 g de quinoa
- 50 g de raisins secs
- 1 botte de coriandre
- 1 botte de menthe
- 1 concombre
- 250 g de tomates cerise
- Le jus de 1/2 citron jaune
- 8 cuil. à soupe d'huile d'olive
- Sel, poivre

■ Faites tremper les raisins secs dans de l'eau tiède. Faites cuire le quinoa selon les indications du fabricant. Effeuillez et hachez la coriandre et la menthe. Épluchez le concombre, coupez-le en quatre dans le sens de la longueur et retirez les graines à l'intérieur. Coupez-le ensuite en rondelles. Coupez les tomates cerise en quatre morceaux.

■ Dans un saladier, versez le quinoa, les herbes, le concombre, les tomates cerise, les raisins secs égouttés, le jus de citron, l'huile d'olive, du sel et du poivre. Mélangez bien et servez aussitôt ou gardez au frais jusqu'au dîner.

VARIANTES

Vous pouvez enrichir cette recette en y ajoutant des petits morceaux de viande (lardons, dés de jambon...) ou bien des produits de la mer (œufs de saumon, dés de saumon fumé, crevettes grillées, noix de saint-jacques...). N'hésitez pas non plus à légèrement épicer le taboulé avec du curry ou du ras-el-hanout.

CONSEIL

Si vous en avez le temps, mettez le concombre avec un peu de sel fin dans un tamis 1 h afin qu'il devienne croquant.

UNE IDÉE DE MENU ÉQUILIBRÉ

Le taboulé, du fromage accompagné de pain et des fruits.

POUR 4 PERSONNES
PRÉPARATION : 10 MIN
CUISSON : 20 MIN
DIFFICULTÉ : FACILE
COÛT : BON MARCHÉ

Risotto de coquillettes au safran

- *350 g de coquillettes*
- *1 oignon nouveau haché*
- *10 cl de vin blanc sec*
- *2 bouillons cube de volaille délayés dans 1 litre d'eau bouillante*
- *1 dose de safran en poudre*
- *50 g de parmesan*
- *2 cuil. à soupe d'huile d'olive*
- *Sel, poivre*

■ Dans une grande casserole, faites cuire 2 à 3 min l'oignon avec l'huile d'olive. Lorsqu'il devient translucide, versez le vin blanc et laissez réduire presque à sec. Ajoutez alors les coquillettes, enrobez d'oignon et couvrez d'une louche de bouillon.

■ Lorsque tout le bouillon a été absorbé, rajoutez-en, louche par louche, jusqu'à ce que les pâtes aient tout absorbé. Coupez le feu, salez, poivrez, ajoutez le safran et le parmesan râpé puis servez aussitôt.

VARIANTES

Vous pouvez enrichir cette recette en y ajoutant des petits morceaux de chorizo, de dés de jambon, de poulpe, de crevettes, de praires...

CONSEIL

Faites cuire le risotto très doucement afin que les pâtes aient le temps d'absorber le bouillon. Bien sûr, le goût final de ce risotto dépendra beaucoup de la qualité du bouillon.

UNE IDÉE DE MENU ÉQUILIBRÉ

Le risotto, une salade de tomates ou de roquette et un tiramisu.

POUR 4 PERSONNES
PRÉPARATION : 20 MIN
CUISSON : 15 MIN
DIFFICULTÉ : FACILE
COÛT : BON MARCHÉ

Poêlée de légumes au wok

- *3 carottes*
- *2 branches de céleri*
- *4 oignons nouveaux*
- *2 courgettes*
- *1 poivron rouge*
- *100 g de pois gourmands*
- *2 cuil. à soupe de saindoux (à défaut de l'huile végétale)*
- *50 g de germes de soja*
- *2 cuil. à soupe de sauce soja*
- *Poivre*

■ Épluchez les carottes, le céleri et les oignons. Coupez la courgette en deux dans le sens de la longueur et retirez les graines à l'aide d'une cuillère. Coupez en deux le poivron, retirez les graines et les membranes blanches. Coupez en bâtonnets les carottes, les courgettes et le poivron rouge. Coupez les oignons et le céleri.

■ Dans un wok, faites fondre le saindoux, puis faites revenir les légumes, un à un, sans cesser de remuer, dans l'ordre suivant : oignons, céleri, carottes, poivron, courgettes, pois et germes de soja. Arrosez de sauce soja et poivrez. Faites cuire 10 à 15 min. Les légumes doivent rester croquants. Servez aussitôt.

VARIANTES

Vous pouvez varier cette recette à l'infini en utilisant des légumes de saison : poireaux, navets, céleri, haricots verts, chou chinois, chou blanc...

CONSEIL

Voilà un bon accompagnement léger pour les viandes. Sa qualité dépend de la fraîcheur des légumes que vous utilisez.

UNE IDÉE DE MENU ÉQUILIBRÉ

La poêlée de légumes, des brochettes de poulet grillées et une salade de fruits.

POUR 4 PERSONNES
PRÉPARATION : 20 MIN
CUISSON : 25 MIN
DIFFICULTÉ : FACILE
COÛT : BON MARCHÉ

Brochettes de pommes de terre et champignons au romarin

- *Une quinzaine de petites pommes de terre*
- *Une quinzaine de champignons de Paris*
- *Quelques branches de romarin*
- *6 cuil. à soupe d'huile d'olive*
- *Sel, poivre*

■ Nettoyez sous l'eau froide les pommes de terre et les champignons. À l'aide d'une aiguille, transpercez les pommes de terre et les champignons de part en part. Passez ensuite sur les branches de romarin des pommes de terre et des champignons.

■ Disposez les brochettes dans un plat, salez, poivrez et arrosez d'huile d'olive avant d'enfourner 25 min à 190 °C (th. 6-7). La pointe d'un couteau doit pouvoir s'enfoncer sans résistance dans les pommes de terre. Servez aussitôt.

VARIANTES

Vous pouvez remplacer les champignons ou les pommes de terre par des tomates cerise, des petits navets, des tronçons de carottes ou de courgettes...

CONSEIL

Vous pouvez ajouter aux légumes un peu d'épices du type curry, tandoori ou *ras-el-hanout*.

UNE IDÉE DE MENU ÉQUILIBRÉ

Les brochettes de légumes, de la charcuterie ou de la viande froide, une salade verte, un yaourt et des fruits.

POUR 4 PERSONNES
PRÉPARATION : 10 MIN
CUISSON : 20 MIN
DIFFICULTÉ : FACILE
COÛT : BON MARCHÉ

Poêlée de carottes au miel, poivre et zeste de citron

- *1 botte de carottes*
- *1 citron jaune*
- *1 cuil. à soupe de miel*
- *2 pincées de poivre à steak*
- *4 cuil. à soupe d'huile d'olive*
- *Sel*

▉ Épluchez et coupez les carottes en rondelles. Nettoyez le citron et râpez la peau pour en récupérer le zeste.

▉ Dans une poêle, faites chauffer l'huile d'olive puis, faites-y cuire les carottes à feu moyen et à couvert, 10 min, en remuant souvent. Salez, poivrez et poursuivez la cuisson 5 min. Retirez alors le couvercle, ajoutez le miel et faites caraméliser les carottes à feu vif pendant 5 min. La pointe d'un couteau doit pouvoir s'enfoncer sans résistance dans les carottes. Terminez en ajoutant le zeste de citron et servez aussitôt.

VARIANTES

Vous pouvez remplacer le zeste de citron par des petits morceaux de noisettes grillées. C'est une recette qui ira aussi très bien avec des navets.

CONSEIL

Avant de mettre le miel, assurez-vous que les carottes soient cuites.

UNE IDÉE DE MENU ÉQUILIBRÉ

Les carottes, du filet mignon de porc ou des papillotes de truite, de la salade avec un peu de fromage, du pain et des fruits.

**POUR 4 PERSONNES
PRÉPARATION : 20 MIN
CUISSON : 1 H 30 MIN
DIFFICULTÉ : FACILE
COÛT : BON MARCHÉ**

Gratin de légumes

- *2 aubergines*
- *2 courgettes*
- *4 gousses d'ail*
- *4 oignons nouveaux*
- *4 tomates*
- *1/2 botte de basilic*
- *4 cuil. à soupe
  de parmesan râpé*
- *8 cuil. à soupe d'huile
  d'olive*
- *Sel, poivre*

■ Épluchez les aubergines, les courgettes, l'ail et les oignons. Retirez le pédoncule des tomates. Coupez l'ensemble de ces légumes en rondelles épaisses. Dans un grand plat allant au four, répartissez, en alternant, une tranche de courgette, une tranche d'aubergine, une tranche d'oignon, une tranche de tomate... Saupoudrez avec l'ail, le basilic effeuillé, le parmesan puis terminez en ajoutant l'huile d'olive, le sel et le poivre.

■ Couvrez le plat d'aluminium et faites cuire au four 1 h à 190 °C (th. 6-7). Au bout de ce temps, les légumes doivent être confits et la pointe d'un couteau doit pouvoir s'y enfoncer sans résistance. Poursuivez la cuisson 30 min sans le papier aluminium.

VARIANTES

Ajoutez à la recette des lamelles de poivron et remplacez le basilic par de la ciboulette et du persil.

CONSEIL

Ce plat est encore meilleur si vous le faites la veille.

UNE IDÉE DE MENU ÉQUILIBRÉ

Le tian, un plateau de fromages et de charcuterie accompagné de salade et des fruits.

POUR 4 PERSONNES
PRÉPARATION : 20 MIN
CUISSON : 2 H
DIFFICULTÉ : FACILE
COÛT : BON MARCHÉ

Tomates confites

- *Une douzaine de tomates roma*
- *4 gousses d'ail*
- *2 branches de thym*
- *1 cuil. à soupe de sucre*
- *10 cuil. à soupe d'huile d'olive*
- *Sel, poivre*

■ Plongez les tomates 1 min dans l'eau bouillante, épluchez-les puis coupez-les en deux pour retirer les graines. Écrasez les gousses d'ail avec la peau.

■ Sur une plaque allant au four, disposez les tomates sur un lit de thym et d'ail. Saupoudrez de sucre, de sel, de poivre et d'huile d'olive. Enfournez à 100 °C (th. 3-4) pendant 2 h en arrosant aussi souvent que possible d'huile d'olive et du jus de cuisson. Servez chaud ou froid.

VARIANTES

Si vous le pouvez, utilisez des tomates de différentes formes et couleurs.

CONSEILS

Pour ma part, je préfère servir ces tomates confites froides le lendemain. Elles se gardent très bien pendant plusieurs jours au frigo avec l'huile, l'ail et le thym. N'hésitez donc pas à en faire de grosses quantités.

UNE IDÉE DE MENU ÉQUILIBRÉ

Du poulet rôti ou du gigot froid accompagné des tomates confites, une salade rougette de Provence, du fromage de chèvre, du pain grillé et des fruits.

POUR 4 PERSONNES
PRÉPARATION : 15 MIN
CUISSON : 45 MIN
DIFFICULTÉ : FACILE
COÛT : BON MARCHÉ

Ratatouille classique

- *2 oignons rouges*
- *2 gousses d'ail*
- *2 poivrons rouges*
- *2 courgettes*
- *2 aubergines*
- *4 tomates*
- *1 branche de thym*
- *1 branche de romarin*
- *6 cuil. à soupe d'huile*
  d'olive
- *Sel, poivre*

■ Épluchez et coupez en petits dés les oignons et l'ail. Ôtez les pédoncules et les graines des poivrons et coupez-les en petits dés. Épluchez et coupez en petits dés les courgettes et les aubergines. Plongez les tomates 1 min dans l'eau bouillante, pelez-les et hachez-les.

■ Dans une grande casserole, faites chauffer l'huile d'olive. Versez les poivrons, les oignons et l'ail. Laissez cuire 5 à 6 min, en remuant souvent. Ajoutez les courgettes. Laissez cuire 5 min avant d'ajouter les aubergines. Attendez 5 min avant d'ajouter les tomates. Mettez le thym, le romarin, du sel et du poivre. Mélangez, baissez le feu et couvrez pour laisser cuire 15 min. Ôtez le couvercle et laissez cuire 15 min.

VARIANTE

Ajoutez dès le départ 1 bulbe de fenouil très finement coupé dans la ratatouille et 1 dose de safran en poudre en fin de cuisson.

CONSEIL

La ratatouille est aussi bonne froide que chaude. C'est pourquoi je vous conseille d'en faire plus que prévu, cela vous fera un autre repas.

POUR 8 PERSONNES
PRÉPARATION : 5 MIN
CUISSON : 10 MIN
DIFFICULTÉ : FACILE
COÛT : BON MARCHÉ

Velouté de champignons au gomasio

- *800 g de champignons de Paris*
- *4 échalotes*
- *25 g de beurre*
- *20 cl de crème entière*
- *4 cuil. à café de gomasio (condiment fait de sésame grillé et concassé, et de sel marin que l'on trouve dans les épiceries de produits diététiques)*
- *Sel, poivre*

Matériel
- *Mixeur (ou moulin à légumes)*
- *Four à micro-ondes*

■ Épluchez et hachez les échalotes. Mettez-les dans un grand plat avec le beurre. Enfournez au micro-ondes pour 2 min à puissance maximale.

■ Enlevez le bout terreux du pied des champignons. Rincez-les, émincez-les, puis ajoutez-les aux échalotes. Versez par-dessus 1,5 l d'eau et la crème. Salez et poivrez. Remettez le tout au micro-ondes pour 8 min à puissance maximale.

■ Sortez le velouté et mixez-le longuement à l'aide d'un robot. Si vous n'en possédez pas, utilisez un moulin à légumes avec une grille très fine. Vérifiez l'assaisonnement et servez dans des bols ou des assiettes creuses. Saupoudrez de gomasio avant de déguster.

VARIANTES

On peut utiliser d'autres champignons comme des chanterelles, des girolles ou même des cèpes. Bien sûr, le coût ne sera pas le même, mais le résultat n'en sera que meilleur. Pour transformer cette soupe en plat unique, servez-la accompagnée de pain grillé et d'un fromage de chèvre frais ou de charcuteries.

POUR 8 PERSONNES
PRÉPARATION : 10 MIN
CUISSON : 30 MIN
DIFFICULTÉ : FACILE
COÛT : BON MARCHÉ

Gratin de courgettes à la mozzarella et à l'origan

- *2 kg de courgettes*
- *2 boules de mozzarella*
- *3 œufs*
- *25 cl de crème fraîche liquide entière*
- *15 cl de lait entier*
- *1 cuil. à soupe d'origan sec*
- *2 pincées de muscade*
- *3 cuil. à soupe d'huile d'olive*
- *Sel, poivre*

Matériel
- *Four à micro-ondes*

■ Coupez les boules de mozzarelle en dés et égouttez-les. Ôtez l'extrémité des courgettes et coupez-les en deux dans le sens de la longueur. À l'aide d'une cuillère, retirez les graines, puis émincez les courgettes. Dans un grand saladier, faites chauffer l'huile d'olive 2 min au micro-ondes à puissance maximale. Versez-y les courgettes. Remettez à cuire 8 à 10 min à découvert, de façon à ce que les courgettes perdent leur eau. Quand elles sont cuites, égouttez-les et mettez-les dans un plat à gratin.

■ Dans un bol, mélangez les œufs, la crème et le lait. Ajoutez la muscade et l'origan. Salez et poivrez. Versez le tout sur les courgettes. Saupoudrez de mozzarella.

■ Réglez le four sur la fonction combinée micro-ondes, à puissance moyenne (à 450 W) et chaleur tournante (à 200 °C). Faites cuire 20 min.

CONSEIL

Servez ce gratin aux accents italiens avec une bonne salade de roquette ou de tomates, assaisonnée d'huile d'olive et de vinaigre balsamique.

POUR 8 PERSONNES
PRÉPARATION : 10 MIN
CUISSON : 35 MIN
REPOS : 10 MIN
DIFFICULTÉ : FACILE
COÛT : BON MARCHÉ

Gratin dauphinois

- *1,5 kg de pommes de terre*
- *1 petit navet*
- *2 gousses d'ail*
- *20 cl de crème entière*
- *40 cl de lait entier*
- *80 g de comté râpé*
- *2 pincées de noix de muscade*
- *Sel, poivre*

■ Préchauffez le four à 200 °C (th. 6-7). Épluchez les pommes de terre, le navet et l'ail. Hachez l'ail et coupez le navet en tout petits dés. Mettez le tout dans un saladier avec la muscade, la crème et le lait ; salez et poivrez. Enfournez à puissance maximale pour 3 min de cuisson. Le lait doit ressortir bouillant.

■ Émincez très finement les pommes de terre. Placez-les dans un plat à gratin. Versez le lait sur les pommes de terre et saupoudrez le tout de fromage râpé.

■ Enfournez pour 30 min. Pour vérifier la cuisson, plantez un couteau dans le gratin, il doit s'y enfoncer sans résistance. Laissez reposer 10 min avant de le servir.

CONSEIL

Ce gratin est assez riche et constitue un plat unique. Servez-le avec une salade frisée et un peu de charcuterie.

POUR 4 PERSONNES
PRÉPARATION : 10 MIN
CUISSON : 10 MIN
DIFFICULTÉ : FACILE
COÛT : BON MARCHÉ

Poulet grillé aux amandes

- *4 blancs de poulet*
- *1 cuil. à soupe de fromage blanc*
- *1 cuil. à soupe de crème fraiche*
- *1 cuil. à soupe de mélange d'herbes hachées*
- *1 œuf*
- *100 g d'amandes hachées*
- *2 cuil. à soupe d'huile d'olive*
- *Sel, poivre*

■ Préchauffez le four à 190 °C (th. 6).

■ Ouvrez le poulet en portefeuille à l'aide d'un couteau en les coupant dans l'épaisseur dans les séparer. Mélangez le fromage blanc avec la crème, les herbes hachées, du sel et du poivre. Farcissez l'intérieur du poulet de cette préparation.

■ Dans un bol, cassez l'œuf, ajoutez un peu d'eau, du sel et du poivre. Versez les amandes hachées dans une assiette creuse.

■ Faites chauffer l'huile dans une poêle. En même temps, prenez les blancs de poulet un à un, passez-les dans l'œuf battu et roulez-les dans les amandes hachées. Mettez ensuite les blancs de poulet dans la poêle et laissez-les cuire 3 à 4 min à feu moyen de chaque côté. Lorsque les amandes sont bien dorées, finissez la cuisson au four pendant 3 à 4 min. Servez aussitôt.

CONSEIL

Pour rester dans une inspiration moyen-orientale, servez le poulet grillé aux amandes avec une semoule dans laquelle vous ajouterez des raisins secs et des petits dés de carottes cuites. Pour que le tout ne soit pas trop sec, réalisez un bouillon de légumes que vous utiliserez en guise de sauce.

POUR 4 PERSONNES
PRÉPARATION : 10 MIN
CUISSON : 35 MIN
DIFFICULTÉ : FACILE
COÛT : BON MARCHÉ

Filet mignon
en cocotte lutée

- *1 filet mignon de porc d'environ 600 g*
- *100 g de farine*
- *2 branches de thym*
- *2 feuilles de laurier*
- *2 cuil. à soupe de vin blanc*
- *3 cuil. à soupe d'huile d'olive*
- *Sel, poivre*

■ Dans un saladier, mettez la farine. Ajoutez, petit à petit, de l'eau sans cesser de mélanger pour avoir une pâte homogène qui ne colle pas aux doigts. Roulez cette pâte en un long boudin de la circonférence de la cocotte.

■ Dans la cocotte, mettez le thym et le laurier. Posez par-dessus le filet mignon puis arrosez de vin blanc et d'huile d'olive. Salez et poivrez. Sur le tour supérieur de la cocotte légèrement graissé, disposez le boudin de pâte afin qu'il serve de joint lorsque vous fermerez la cocotte. Enfournez 35 min à 200 °C (th. 6-7) puis laissez reposer 10 min dans le four éteint. Sortez le plat, cassez le boudin de pâte et servez aussitôt.

VARIANTES

Vous pouvez réaliser la même recette avec un filet de poisson épais, un rôti de veau ou de porc.

CONSEIL

Ne vous compliquez pas la vie, ajoutez dans la cocotte des petites pommes de terre, des tronçons de carottes et des morceaux de navets.

POUR 4 PERSONNES
PRÉPARATION : 15 MIN
CUISSON : 20 MIN
REPOS : 10 MIN
DIFFICULTÉ : FACILE
COÛT : BON MARCHÉ

Carré d'agneau
à la coriandre

– 2 carrés d'agneau
– 2 gousses d'ail
– 2 bottes de coriandre
– 100 g de chapelure
– 4 cuil. à soupe d'huile
  d'olive
– Sel, poivre

■ Épluchez et hachez l'ail. Effeuillez et hachez la coriandre. Dans un saladier, mélangez la coriandre, la chapelure, l'ail, le sel et le poivre.

■ Étalez le mélange de coriandre sur le côté gras des carrés et mettez-les sur un plat. Enfournez les carrés 20 min à 200 °C (th. 6-7) après les avoir arrosés d'huile d'olive. Laissez reposer 10 min les carrés dans le four avec la porte entrouverte. Servez aussitôt.

VARIANTES

Vous pouvez aussi utiliser du cerfeuil ou du persil pour cette recette. Vous pouvez aussi répartir le mélange à la coriandre sur d'autres rôtis comme du bœuf, du porc ou du veau.

CONSEIL

Vous pouvez épicer ce plat en y ajoutant un peu de purée de piments ou du piment en poudre dans le mélange de coriandre.

UNE IDÉE DE MENU ÉQUILIBRÉ

Le carré d'agn eau, de la ratatouille chaude ou froide, un peu de fromage et des fruits crus.

POUR 4 PERSONNES
PRÉPARATION : 25 MIN
CUISSON : 1 H 30
DIFFICULTÉ : FACILE
COÛT : BON MARCHÉ

Tajine d'agneau aux abricots

- 1 kg d'épaule d'agneau
- 2 oignons
- 2 gousses d'ail
- 2 cm de gingembre
- 3 carottes
- 3 courgettes
- 2 cuil. à soupe
  de ras-el-hanout
- 250 g d'abricots secs
  moelleux
- 125 g d'amandes entières
- 400 g de semoule de blé
- 4 cuil. à soupe d'huile
  d'olive
- Sel, poivre

■ Épluchez et hachez les oignons, l'ail et le gingembre. Épluchez les carottes et les courgettes et coupez-les en tronçons. Dans une grande cocotte, faites chauffer l'huile.

■ Détaillez la viande en cubes, salez, poivrez et faites-les dorer dans la cocotte. Retirez la viande puis mettez à dorer à feu vif l'ail, le gingembre et les oignons en remuant souvent. Ajoutez les épices et remettez la viande. Mélangez bien le tout puis couvrez d'eau. Portez à ébullition et laissez cuire à feu moyen 45 min.

■ Au bout de ce temps, ajoutez les légumes, les abricots et les amandes puis poursuivez la cuisson 30 min. Vérifiez l'assaisonnement et la cuisson de la viande. Elle doit être fondante. Préparez la semoule selon les indications du fabricant et servez bien chaud.

UNE IDÉE DE MENU ÉQUILIBRÉ

Le tajine et une salade d'oranges à la cannelle.

POUR 4 PERSONNES
PRÉPARATION : 15 MIN
CUISSON : 1 H 40
DIFFICULTÉ: FACILE
COÛT : BON MARCHÉ

Poulet farci
aux coquillettes

- *1 poulet d'environ 1,5 kg*
- *200 g de coquillettes*
- *4 pincées de fleur de sel*
- *6 pincées de piment d'Espelette*
- *80 g de beurre demi-sel*
- *Poivre du moulin*

■ Cuisez les pâtes *al dente*. Égouttez-les et passez-les sous l'eau. Préchauffez le four à 190 °C (th. 6-7). Mélangez la fleur de sel au piment. Remplissez le poulet avec un maximum de pâtes. Placez-le dans un plat. Répartissez dessus le beurre, le sel pimenté et un peu de poivre. Enfournez.

■ Au bout de 20 min de cuisson, tournez le poulet sur une aile. Mettez-le sur le dos, 20 min plus tard. Mettez-le sur l'autre aile, 20 min après. Laissez encore 20 min avant de le replacer dans sa position initiale pendant 20 min.

■ Éteignez le four mais laissez-y le poulet (tournez-le pour qu'il ait les pattes en l'air) 15 min avant de déguster.

VARIANTE

Farcissez le poulet de vermicelles chinoises cuites à l'eau avec des champignons noirs réhydratés.

CONSEIL

S'il reste des pâtes, faites-les chauffer à la poêle avec un peu de jus de cuisson.

POUR 4 PERSONNES
PRÉPARATION : 20 MIN
CUISSON : 20 MIN
DIFFICULTÉ : FACILE
COÛT : BON MARCHÉ

Rôti de bœuf
à l'ancienne

- *1 rosbif d'environ 800 g*
  pris dans le rumsteck
- *2 échalotes*
- *2 carottes*
- *4 anchois au sel*
- *50 g de beurre*
  à température ambiante
- *Sel, poivre*

■ Épluchez et coupez en fines rondelles les échalotes et les carottes. Disposez-les dans un plat allant au four. Coupez les anchois en quatre morceaux et répartissez-les entre le gras et le rôti de bœuf. Étalez le beurre sur toute la longueur du rôti et poivrez-le généreusement. Mettez un petit peu de sel et disposez sur le lit de carottes et d'échalotes.

■ Enfournez la viande 20 min à 250 °C (th. 8-9). Éteignez le four, entrouvrez la porte et laissez la viande encore reposer 20 min. Coupez en tranches et servez aussitôt.

VARIANTES

Vous pouvez faire cette recette avec tous les rôtis. Autrefois, on salait la viande avec des anchois de Collioure. Rien ne vous empêche de faire de même avec du poulet en insérant des petits morceaux d'anchois sous la peau.

CONSEILS

Demandez au boucher de remplacer la barde de porc par de la barde de bœuf. Si vous prenez un rosbif dans le rumsteck, la viande sera bien plus moelleuse.

POUR 4 PERSONNES
PRÉPARATION : 30 MIN
CUISSON : 1 H
REPOS : 4 H
DIFFICULTÉ : FACILE
COÛT : BON MARCHÉ

Terrine de foies de volaille

- *500 g de foies de volaille*
- *1 gousse d'ail hachée*
- *2 échalotes hachées*
- *2 cuil. à soupe de cognac*
- *2 cuil. à soupe de porto blanc*
- *2 cuil. à soupe de xérès sec*
- *2 œufs entiers*
- *20 cl de crème fraîche épaisse*
- *2 cuil. à soupe d'huile végétale*
- *1 cuil. à café de fleur de thym*
- *1 pincée de muscade*
- *1 cuil. à café de sucre semoule*
- *1 cuil. à café de sel fin*
- *12 tours de moulin à poivre*

■ Coupez les foies en deux et retirez toutes les traces vertes de fiel (bile des animaux). Dans une poêle, faites chauffer l'huile, puis faites-y revenir l'ail et les échalotes. Lorsque ces dernières sont translucides, ajoutez le cognac, le porto et le xérès, puis laissez réduire presque à sec.

■ Dans le bol d'un mixeur, rassemblez tous les ingrédients et mixez de façon à obtenir un mélange homogène. Versez cette préparation dans une grande terrine.

■ Préchauffez le four à 200 °C (th. 6-7). Fermez la terrine, déposez-la dans un plat rempli à moitié d'eau bouillante et enfournez 45 min. Sortez la terrine du four (la pointe d'un couteau enfoncée au centre doit ressortir humide mais propre) et laissez reposer au moins 4 h au frais avant de servir.

UNE IDÉE DE MENU ÉQUILIBRÉ

La terrine, des cornichons, des crudités, un laitage et des fruits.

POUR 4 PERSONNES
PRÉPARATION : 15 MIN
CUISSON : 1 H 20
DIFFICULTÉ : FACILE
COÛT : BON MARCHÉ

Poulet
et potimarron rôtis

- 1 poulet fermier
- 1 potimarron d'environ 1,5 kg
- 4 cuil. à soupe d'huile d'olive
- Quelques brins de romarin
- Sel, poivre

■ Préchauffez le four à 190 °C (th. 6-7). Coupez le potimarron en quartiers. Retirez les graines et les fibres du milieu. Posez le poulet sur une plaque allant au four. Arrosez de 1 verre d'eau, d'huile d'olive, de sel et de poivre.

■ Enfournez le poulet 20 min puis ajoutez le potimarron salé et poivré sur la plaque. Tournez le poulet sur l'aile gauche et poursuivez la cuisson 20 min. Tournez alors le poulet sur l'autre aile, arrosez le potimarron de jus et poursuivez la cuisson encore 20 min. Mettez le poulet sur le dos, arrosez le potimarron et laissez 20 min. Coupez le four, attendez 10 min et servez aussitôt. Ajoutez un brin de romarin pour la décoration.

VARIANTE

Remplacez le potimarron par des pommes de terre et des gousses d'ail avec la peau. C'est délicieux.

CONSEIL

Si le poulet dépasse 1,5 kg, augmentez le temps de cuisson de 20 min et ne mettez le potimarron qu'au bout de 30 min de cuisson.

POUR 4 PERSONNES
PRÉPARATION : 15 MIN
CUISSON : 55 MIN
DIFFICULTÉ : FACILE
COÛT : BON MARCHÉ

Rôti de porc aux carottes et aux marrons

- 1 rôti de porc pris dans l'échine d'environ 800 g
- 800 g de carottes
- 4 échalotes
- 15 cl de vin blanc sec
- 1 tablette de bouillon de volaille bio
- 500 g de marrons au naturel
- 4 cuil. à soupe d'huile d'olive
- Sel, poivre

■ Épluchez et coupez en petites rondelles les carottes. Épluchez et hachez les échalotes. Dans une grande cocotte, faites chauffer l'huile d'olive. Faites-y ensuite dorer le rôti sur toutes les faces. Lorsqu'il est bien grillé, sortez-le du plat et mettez les échalotes hachées. Faites-les revenir 5 min, en remuant souvent. Versez alors le vin, portez à ébullition puis, déliez-y le bouillon de volaille.

■ Ajoutez ensuite le rôti, les carottes, les marrons égouttés, du sel, du poivre et couvrez pour faire cuire à feu doux 30 min. Retirez le couvercle et laissez à nouveau cuire 15 min pour un peu concentrer le jus. Servez chaud.

VARIANTE

Vous pouvez remplacer les marrons par des petits navets épluchés et des noisettes entières décortiquées.

CONSEIL

Pour obtenir une sauce plus onctueuse, ajoutez un peu de crème fraîche en fin de cuisson.

POUR 4 PERSONNES
PRÉPARATION : 25 MIN
CUISSON : 45 MIN
DIFFICULTÉ : FACILE
COÛT : RAISONNABLE

Parmentier de canard aux navets

- 2 magrets de canard
- 2 cuisses de confits de canard
- 500 g de pommes de terre
- 250 g de navets
- 2 échalotes hachées
- 2 cuil. à soupe de cognac
- 2 cuil. à soupe de porto rouge
- 1 botte de persil plat haché
- 10 cl de lait
- Sel, poivre

■ Épluchez les pommes de terre et les navets. Faites-les cuire dans un grand volume d'eau salée 20 min. La pointe d'un couteau doit pouvoir s'y enfoncer sans résistance. Retirez le gras des confits et des magrets. Enlevez la chair se trouvant autour des os. Mixez au robot les magrets.

■ Dans une poêle, faites revenir avec un peu de matières grasses les confits, les échalotes et la chair des magrets. Quand la viande est cuite, ajoutez le cognac, le porto et laissez cuire 2 à 3 min. Ajoutez le persil.

■ Passez au moulin à légumes les navets et les pommes de terre. Vérifiez l'assaisonnement de la purée et ajoutez-y le lait. Tapissez le fond d'un plat à gratin de viande, mettez une couche de pommes de terre et enfournez 20 min à 190 °C (th. 6-7) avant de servir chaud.

VARIANTE

Vous pouvez remplacer la viande de canard par un reste de pot-au-feu de bœuf haché.

POUR 4 PERSONNES
PRÉPARATION : 30 MIN
CUISSON : 50 MIN
DIFFICULTÉ : FACILE
COÛT : BON MARCHÉ

Hachis Parmentier de volaille

- *4 morceaux de poulet (idéalement un poulet entier totalement désossé par le boucher)*
- *2 carottes*
- *2 échalotes*
- *1 kilo de pommes de terre*
- *50 g de beurre*
- *2 cuil. à soupe d'huile végétale*
- *1 tablette de bouillon de légumes*
- *25 cl de lait frais*
- *Sel, poivre*

Matériel
- *Moulin à légumes*

■ Épluchez et coupez en petits morceaux les carottes et les échalotes. Épluchez les pommes de terre et mettez-les dans une grande casserole d'eau froide salée. Portez à ébullition l'eau des pommes de terre et laissez cuire 15 min. La pointe d'un couteau que vous enfoncerez au cœur ne doit rencontrer aucune résistance.

■ En même temps, dans une cocotte, faites fondre la moitié du beurre avec l'huile. Faites dorer de tous les côtés les morceaux de poulet. Lorsqu'ils sont bien dorés, retirez-les et ajoutez les carottes et les échalotes. Remuez et laissez cuire 3 à 5 min. Remettez alors les morceaux de poulet, couvrez à peine d'eau, ajoutez la tablette de bouillon de légumes, du sel, du poivre et laissez cuire à feu doux pendant 20 à 25 min.

■ Pendant ce temps, passez les pommes de terre au moulin à légumes muni de grille fine et ajoutez le lait frais. Vérifiez l'assaisonnement.

■ Préchauffez le four à 200 °C (th. 6-7). Lorsque le poulet est cuit, il doit rester peu de liquide dans votre cocotte et le poulet doit pouvoir s'effilocher très facilement à la fourchette. Mettez-le dans un plat à gratin, couvrez de

purée de pommes de terre et lissez bien. Répartissez
le reste de beurre sur les pommes de terre et enfournez
pour 10 min afin de faire dorer le dessus de votre hachis
Parmentier. Servez chaud.

VARIANTES

Vous pouvez réaliser la même recette avec d'autres viandes comme du porc, de l'agneau ou du veau.
Si vous choisissez ces viandes, doublez au minimum le temps de cuisson.

POUR 4 PERSONNES
PRÉPARATION : 10 MIN
CUISSON : 30 MIN
DIFFICULTÉ : FACILE
COÛT : BON MARCHÉ

Courgettes farcies à la viande

- *4 petites courgettes*
- *1 tomate*
- *1 carotte*
- *2 échalotes*
- *1 cuil. à soupe de chapelure*
- *2 cuil. à soupe de persil haché*
- *300 g de viande de bœuf haché*
- *1 pincée de cumin et de muscade*
- *3 cuil. à soupe d'huile d'olive*
- *Sel, poivre*

■ Préchauffez le four à 190 °C (th. 6).

■ Retirez le bout des courgettes et coupez-les en deux dans le sens de la longueur. À l'aide d'une cuillère, grattez l'intérieur pour en retirer toutes les graines. Portez de l'eau à ébullition et faites-y cuire les courgettes entières pendant 5 min. Égouttez-les et mettez-les dans un plat allant au four.

■ Ébouillantez la tomate, épluchez-la et coupez-la en petits morceaux. Épluchez et hachez la carotte et les échalotes. Dans une casserole, faites revenir les carottes et les échalotes avec l'huile d'olive pendant 3 à 4 min. Ajoutez la tomate et poursuivez la cuisson 1 à 2 min. Coupez le feu et mélangez vos légumes avec la chapelure, le persil, la viande, le cumin, la muscade, du sel et du poivre.

■ Farcissez les courgettes de viande et enfournez pour 20 min. La viande doit cuire et caraméliser.

CONSEIL

Les courgettes farcies sont un bon moyen de faire goûter un certain nombre de légumes et d'épices. On aurait pu ajouter dans la farce des petits morceaux de fenouil ou d'artichaut cuit.

POUR 4 PERSONNES
PRÉPARATION : 10 MIN
CUISSON : 35 MIN
DIFFICULTÉ : FACILE
COÛT : BON MARCHÉ

Canard à l'orange

- *2 magrets de canard*
- *3 oranges*
- *50 g de beurre*
- *2 cuil. à soupe de sauce soja*
- *Sel, poivre*

◾ Entaillez en formant des croisillons le gras du canard. Pressez les oranges.

◾ Dans une poêle sans matières grasses, saupoudrez le fond de sel et de poivre. Mettez sur feu moyen et posez les magrets lorsque la poêle est chaude. Laissez cuire ainsi 10 à 12 min et retirez l'excédent de gras de la poêle. Tournez ensuite les magrets et poursuivez la cuisson 5 min. Coupez le feu et laissez reposer 5 min avant de servir.

◾ Faites réduire aux deux-tiers le jus d'orange dans une casserole à petits bouillons, 15 min. Avant de servir, ajoutez la sauce soja, du sel, du poivre, le beurre en petits morceaux et fouettez pour émulsionner. Servez avec la sauce.

VARIANTE

Vous pouvez remplacer le magret de canard par du filet mignon de porc.

CONSEIL

Choisissez des magrets de canard IGP du Sud-Ouest. Pour les oranges, prenez des oranges à bouche.

POUR 4 PERSONNES
PRÉPARATION : 20 MIN
CUISSON : 30 MIN
DIFFICULTÉ : FACILE
COÛT : RAISONNABLE

Poilâne au bœuf tex-mex

- *4 belles tranches de pain Poilâne*
- *250 g de viande hachée*
- *125 g d'emmental râpé*
- *2 cuil. à soupe de crème fraîche*
- *1 oignon*
- *1 poivron vert*
- *1 poivron rouge*
- *1 cuil. à soupe de concentré de tomates*
- *1/2 cuil. à café de coriandre moulue*
- *1/2 cuil. à café de cannelle moulue*
- *1 pointe de piment*
- *2 cuil. à soupe d'huile de cuisson*
- *Sel, poivre*

■ Pelez et hachez l'oignon. Faites-le revenir dans l'huile. Salez et poivrez. Coupez les poivrons en deux, épépinez-les et coupez-les en fines lamelles. Ajoutez-les à l'oignon, ainsi que la viande hachée. Mélangez et faites dorer pendant 5 min à feu moyen. Incorporez le concentré de tomates, assaisonnez avec les épices et ajoutez un verre d'eau. Couvrez et laissez mijoter à feu doux pendant près de 20 min.

■ Allumez le gril du four. Coupez les tranches de pain en deux, étalez une bonne couche de bœuf tex-mex sur chaque morceau de pain, saupoudrez d'emmental râpé et placez sous le gril pour faire fondre le fromage. Disposez 2 tartines par assiette, recouvrez d'un peu de crème fraîche et servez.

VARIANTE

Préparez du poulet tex-mex avec 300 g de filet coupé en petits morceaux.

SUGGESTION DE MENU

Servez en entrée du guacamole et de la salsa mexicaine avec des chips de maïs et une margarita ; terminez le repas avec une crème brûlée à l'orange.

POUR 4 PERSONNES
PRÉPARATION : 15 MIN
CUISSON : 3 À 5 MIN
DIFFICULTÉ : TRÈS FACILE
COÛT : RAISONNABLE

Croque américain à la dinde

- *8 tranches de pain de mie*
- *4 tranches de dinde fumée*
- *8 tranches de gouda*
- *2 belles tomates*
- *4 cornichons doux Malossol*
- *100 g de laitue iceberg*
- *2 gros oignons*
- *40 g de beurre mou*
- *2 cuil. à soupe d'huile d'arachide*

Pour la sauce
- *1 œuf*
- *2 cuil. à soupe de mascarpone*
- *1 cuil. à soupe de moutarde*
- *1 cuil. à soupe de ciboulette ciselée*
- *1 cuil. à café de câpres*
- *1 cuil. à soupe de ketchup*
- *1 goutte de Tabasco*
- *Sel, poivre*

Matériel
- *Appareil à croques*

■ Plongez l'œuf dans de l'eau bouillante salée et laissez cuire 7 min. Mélangez l'œuf écalé et écrasé, le mascarpone, la moutarde, la ciboulette, les câpres hachées, le ketchup et le Tabasco, le sel et le poivre. Coupez les tomates et les cornichons en rondelles. Rincez, essorez et émincez la salade. Pelez les oignons et détaillez-les en rondelles.

■ Beurrez les tranches de pain, salez-les et retournez-les. Tartinez 4 tranches de sauce au mascarpone, puis garnissez d'une tranche de fromage et d'une tranche de dinde fumée éventuellement pliée en deux. Répartissez ensuite le cresson, les rondelles de tomates et de cornichons et enfin l'oignon ; terminez par une deuxième tranche de fromage. Recouvrez des pains restants côté beurré vers l'extérieur.

■ Faites cuire 3 à 5 min dans l'appareil et servez les pains bien dorés.

POUR 8 PERSONNES
PRÉPARATION : 20 MIN
CUISSON : 1 H 05
REPOS : 10 MIN
DIFFICULTÉ : FACILE
COÛT : RAISONNABLE

Poulet rôti, ail en chemise, ratatouille

- 1 poulet d'environ 1,6 kg
- 1 courgette
- 1 aubergine
- 4 tomates
- 8 fonds d'artichauts
- 1 poivron rouge
- 1 poivron vert
- 1 oignon
- 20 gousses d'ail
- 50 g de beurre
- 4 cuil. à soupe d'huile d'olive
- Herbes de Provence
- Sel, poivre

■ Épluchez 3 gousses d'ail et hachez-les. Épluchez l'oignon et émincez-le. Mettez ces ingrédients dans un grand saladier avec l'huile d'olive et enfournez pour 3 min à puissance maximale. Ouvrez les poivrons et retirez-en les graines et les membranes. Émincez-les. Ajoutez-les au mélange précédemment obtenu et faites à nouveau cuire 3 min à puissance maximale. Rincez les autres légumes. Émincez-les grossièrement, et versez-les dans le saladier. Salez, poivrez et saupoudrez d'herbes de Provence. Mélangez et enfournez pour 25 min à puissance maximale.

■ Pendant ce temps, mettez le poulet dans un plat à gratin. Parsemez de noix de beurre. Salez, poivrez et saupoudrez d'herbes de Provence. Tout autour du poulet, répartissez les gousses d'ail restantes avec leur peau, ainsi qu'un verre d'eau. Quand la ratatouille est cuite et à votre goût, réglez le four sur la fonction chaleur tournante (à 200 °C, th. 6-7). Enfournez le poulet pour 35 min en le retournant à mi-cuisson. Quand le poulet est cuit, sortez-le du four, couvrez-le d'aluminium et laissez-le reposer 10 min. Pendant ce temps, réchauffez la ratatouille et servez bien chaud.

POUR 8 PERSONNES
PRÉPARATION : 10 MIN
CUISSON : 20 MIN
REPOS : 15 MIN
DIFFICULTÉ : FACILE
COÛT : RAISONNABLE

Filet mignon de porc rôti aux marrons

- *1 kg de filet mignon de porc rôti*
- *500 g de marrons au naturel, en conserve*
- *4 cuil. à soupe d'huile d'olive*
- *1 botte de thym frais*
- *Sel, poivre*

■ Préchauffez le four à 220 °C (th. 7). Tapissez de thym le fond d'un plat muni d'un couvercle. Posez par-dessus les marrons, puis la viande. Versez l'huile d'olive, salez et poivrez. Couvrez. Enfournez le plat pour 20 min.

■ En fin de cuisson, sortez le plat du four et laissez-le avec son couvercle pendant 10 à 15 min. Ôtez-le juste avant de servir, ainsi le parfum du thym va bien imprégner la viande. Servez la viande avec les marrons et un peu de jus de cuisson.

CONSEILS

Accompagnez ce plat de nouilles fraîches ou, tout simplement, d'une salade verte ou d'une salade d'endives.

POUR 8 PERSONNES
PRÉPARATION : 10 MIN
CUISSON : 40 MIN
REPOS : 15 MIN
DIFFICULTÉ : FACILE
COÛT : RAISONNABLE

Quasi de veau aux légumes

- *1 kg de rôti de quasi de veau*
- *8 petites pommes de terre*
- *8 petits navets*
- *4 carottes de même taille*
- *16 oignons grelots (frais ou surgelés)*
- *50 g de beurre*
- *1 botte de cerfeuil*
- *Sel, poivre*

■ Préchauffez le four à 220 °C (th. 7). Épluchez les légumes. Coupez les carottes en deux ou trois (elles doivent avoir à peu près la même taille que celle des pommes de terre) ; rincez-les.

■ Tapissez de cerfeuil le fond d'un plat muni d'un couvercle. Déposez par-dessus les légumes, puis la viande. Coupez le beurre en petits morceaux et parsemez-les sur la viande. Salez et poivrez. Enfournez le plat pour 40 min.

■ En fin de cuisson, sortez le plat du four et laissez le couvercle pendant 10 à 15 min. Ôtez-le juste avant de servir.

VARIANTES

Vous pouvez, bien sûr, utiliser d'autres viandes telles que l'échine de porc ou le poulet. Vous pouvez également apporter une touche sucrée en ajoutant des pruneaux ou des abricots secs.

POUR 8 PERSONNES
PRÉPARATION : 10 MIN
CUISSON : 1 H 04
REPOS : 15 MIN
DIFFICULTÉ : FACILE
COÛT : BON MARCHÉ

Tandoori d'agneau et riz blanc

- *1 kg d'épaule d'agneau coupée en gros cubes*
- *250 g de riz*
- *1 oignon*
- *2 gousses d'ail*
- *5 cm de gingembre*
- *1 citron vert*
- *50 g de beurre*
- *20 cl de lait de coco*
- *200 g de coulis de tomates*
- *1 botte de coriandre*
- *2 cuil. à soupe de mélange d'épices tandoori*
- *Sel, poivre*

Matériel
- *Four à micro-ondes*

■ Épluchez et hachez l'oignon, les gousses d'ail et le gingembre. Dans un grand plat, mettez le beurre et faites-le chauffer 1 min à puissance maximale. Ajoutez les légumes précédemment coupés, les épices et enfournez à nouveau pour 3 min. Sortez le plat du four, enrobez les cubes d'agneau du mélange d'épices. Versez le jus du citron vert dessus, mélangez, puis ajoutez le lait de coco et le coulis de tomates. Mélangez à nouveau.

■ Réglez le four sur la fonction combinée chaleur tournante (à 220 °C) et micro-ondes (à 450 W). Enfournez le plat couvert pour 45 min.

■ Pendant ce temps, versez le riz dans une passoire et passez-le sous l'eau froide jusqu'à ce que celle-ci soit translucide. Mettez le riz dans un saladier avec 30 cl d'eau et 1 pincée de sel. Quand le tandoori est cuit, sortez-le en lui laissant son couvercle et laissez-le reposer le temps de préparer le riz. Enfournez à puissance maximale pour 15 min, sur la fonction micro-ondes uniquement. Hachez la coriandre, saupoudrez-en la viande et le riz. Servez chaud.

POUR 8 PERSONNES
PRÉPARATION : 20 MIN
CUISSON : 1 H 03
REPOS : 15 MIN
DIFFICULTÉ : FACILE
COÛT : BON MARCHÉ

Osso-buco à la tomate

- *8 morceaux de jarret de veau*
- *500 g de spaghettis*
- *1 carotte*
- *1 petit morceau de céleri branche*
- *4 gousses d'ail*
- *1 oignon*
- *1 l de coulis de tomates*
- *2 verres de vin blanc*
- *4 cuil. à soupe d'huile d'olive*
- *1 branche de thym*
- *4 feuilles de laurier*
- *Gros sel pour les pâtes*
- *Sel, poivre*

Matériel
- *Four à micro-ondes*

■ Posez les jarrets de veau sur une plaque. Faites-les cuire 4 min sur la fonction gril, retournez-les et recommencez l'opération.

■ Épluchez, lavez et coupez les légumes en petit dés. Mettez-les avec l'huile dans un grand plat et enfournez au micro-ondes à puissance maximale pour 3 min. Versez le vin blanc et faites cuire à nouveau 4 min (il faut que le vin bouille de façon à ce que l'alcool soit totalement évaporé). Ajoutez alors le coulis de tomates, le thym et le laurier. Salez, poivrez, mélangez, puis ajoutez les tranches de jarret de veau. Réglez le four sur la fonction combinée chaleur tournante (à 220 °C) et micro-ondes (à 450 W). Enfournez le plat couvert pour 45 min.

■ Quand la viande est cuite (elle doit se détacher facilement de l'os central), sortez le plat en lui laissant son couvercle et laissez-le reposer le temps de préparer les pâtes.

■ Mettez de l'eau bouillante dans un grand saladier, salez et versez les pâtes. Enfournez en fonction micro-ondes à puissance maximale pour 7 à 8 min. Faites-les cuire à votre goût et servez avec l'osso-buco.

POUR 8 PERSONNES
PRÉPARATION : 20 MIN
CUISSON : 30 MIN
REPOS : 10 MIN
DIFFICULTÉ : FACILE
COÛT : RAISONNABLE

Rôti de bœuf et purée de pommes de terre

- *1 kg de rôti de bœuf*
- *1,5 kg de pommes de terre*
- *4 gousses d'ail*
- *40 g de beurre*
- *20 cl de crème entière*
- *2 pincées de noix de muscade*
- *Sel, poivre*

Matériel
- *Four à micro-ondes*

■ Épluchez l'ail et hachez-le. Épluchez et émincez les pommes de terre. Mettez-les dans un plat avec du sel et du poivre. Couvrez d'eau et enfournez pour 20 min à puissance maximale. À mi-cuisson, sortez le plat et mélangez bien. En fin de cuisson, laissez les pommes de terre dans l'eau afin qu'elles restent bien chaudes.

■ Posez le bœuf dans un plat. Coupez le beurre en petits morceaux et répartissez-en la moitié sur la viande. Salez et poivrez. Faites cuire 10 min sur la fonction micro-ondes/gril (à 450 W). À mi-cuisson, retournez le rôti. Une fois cuit, sortez-le, couvrez-le d'aluminium et laissez-le reposer 10 min.

■ Pendant ce temps, égouttez et écrasez les pommes de terre. Ajoutez le beurre, la crème et la noix de muscade. Vérifiez l'assaisonnement et servez avec le rôti chaud.

CONSEIL

Pour donner à ce plat des accents du Sud, vous pouvez saupoudrer le rôti d'herbes de Provence et remplacer le beurre par de l'huile d'olive.

POUR 4 PERSONNES
PRÉPARATION : 30 MIN
DIFFICULTÉ : FACILE
COÛT : RAISONNABLE

Carpaccio de thon, salade de cresson, tomates et olives

- 600 g de thon rouge
- 8 tomates allongées
- 1 cuil. à soupe d'olives noires à la grecque dénoyautées
- 10 brins de cresson de fontaine
- 10 cuil. à soupe d'huile d'olive
- Sel, poivre

■ Plongez les tomates 1 min dans l'eau bouillante. Épluchez-les et coupez-les en rondelles. Mettez les olives dans un tamis et passez-les rapidement sous l'eau froide. Essuyez-les à l'aide de papier absorbant et coupez-les en quatre. Coupez en bâtonnets les feuilles de cresson. Dans un plat ovale, répartissez en rosace les tomates. Saupoudrez de cresson, d'olives, de sel, de poivre et de la moitié de l'huile. Gardez au frais.

■ Coupez en fines tranches le thon. Répartissez-le sur quatre assiettes. Assaisonnez avec le reste de l'huile, du sel et du poivre. Servez aussitôt avec de la salade.

VARIANTES

Vous pouvez utiliser aussi du saumon ou du cabillaud. Ajoutez une petite note acide en mettant sur chaque assiette quelques gouttes de jus de citron vert. Pensez à enrichir la salade de 1 petite échalote hachée ou 1 gousse d'ail écrasée.

CONSEIL

Pour facilement couper le poisson en fines tranches, mettez-le au congélateur 30 min afin qu'il soit bien dur avant de le trancher.

POUR 4 PERSONNES
PRÉPARATION : 20 MIN
MARINADE : 48 H
DIFFICULTÉ : FACILE
COÛT : RAISONNABLE

Tartare de saumon, condiment granny-smith

- *300 g de saumon en pavés*
- *1 concombre*
- *1 pomme granny-smith*
- *1 branche de céleri*
- *10 brins de coriandre*
- *1 cuil. à café de sauce soja*
- *4 cuil. à soupe d'huile végétale*
- *Sel, poivre*

■ Épluchez le concombre, la pomme, le céleri et coupez-les en petits morceaux après en avoir retiré le cœur.

■ Coupez le saumon en petits cubes d'un demi-centimètre d'épaisseur. Mélangez-le avec les légumes, la coriandre, l'huile, la sauce soja, du sel et du poivre.

■ Laissez mariner 48 h au frais. Remplissez des ramequins de tartare et retournez-les au centre de l'assiette.

VARIANTES

Remplacez la pomme et le céleri par de l'oignon rouge et de l'aneth. Remplacez aussi la sauce soja par du vinaigre blanc.

CONSEIL

Si vous en avez le temps, découpez le concombre en petits cubes et mettez-le dans un tamis avec du sel fin 1 h. Ainsi, il deviendra croquant.

POUR 4 PERSONNES
PRÉPARATION : 20 MIN
CUISSON : 10 MIN
DIFFICULTÉ : FACILE
COÛT : BON MARCHÉ

Hamburger
de saumon frais

- *4 pavés de samon*
- *1/2 oignon rouge haché*
- *1/2 botte de ciboulette hachée*
- *Quelques gouttes de Tabasco*
- *50 g de fromage frais type St Môret*
- *4 petits pains à hamburger*
- *Quelques feuilles de salade*
- *100 g de tomates confites*
- *Sel, poivre*

■ Dans un bol, mélangez le fromage frais avec l'oignon, la ciboulette, le Tabasco, du sel et du poivre.

■ Portez de l'eau salée à ébullition dans une casserole. Plongez-y les pavés de saumon et laissez cuire 5 à 7 min. Retirez délicatement les pavés de l'eau et écrasez-les à l'aide d'une fourchette.

■ Faites tiédir au four les pains à hamburger, étalez sur la base le fromage frais, ajoutez les morceaux de saumon, quelques tomates confites, une feuille de salade et refermez avec le chapeau du pain sur lequel vous aurez étalé un peu de fromage frais.

VARIANTES
Vous pouvez remplacer le saumon par du thon ou de l'espadon. Vous pouvez aussi remplacer le fromage frais par une sauce faite à base de yaourt, de raifort râpé, d'aneth, du sel et du poivre.

CONSEIL
Égouttez bien les tomates confites car elles sont marinées dans l'huile et donc très grasses.

POUR 4 PERSONNES
PRÉPARATION : 10 MIN
CUISSON : 15 MIN
DIFFICULTÉ : FACILE
COÛT : BON MARCHÉ

Papillote de cabillaud

- *4 pavés de cabillaud sans la peau*
- *800 g de tomates cocktail*
- *1/2 botte de basilic*
- *1 cuil. à café de fleur de thym*
- *4 cuil. à soupe de tapenade noire*
- *4 cuil. à soupe d'huile d'olive*
- *Sel, poivre*

▨ Nettoyez les tomates et coupez-les en deux. Effeuillez et coupez en bâtonnets les feuilles de basilic. Mélangez les tomates avec le basilic, le thym, la tapenade, du sel et du poivre.

▨ Sur quatre grands carrés de papier sulfurisé ou d'aluminium, répartissez les tomates au basilic. Posez par-dessus les pavés de cabillaud, salez, poivrez et versez 1 cuil. à soupe d'huile d'olive sur chacun. Enfournez les papillotes 15 min à 200 °C (th. 6-7) puis servez aussitôt.

VARIANTES

Vous pouvez évidemment remplacer le cabillaud par n'importe quel autre poisson. Vous pouvez aussi ajouter un bulbe de fenouil très finement coupé dans la papillote.

CONSEIL

Si vous n'aimez pas la tapenade, n'hésitez pas à la retirer ou à la remplacer par du pesto ou du cerfeuil.

POUR 4 PERSONNES
PRÉPARATION : 40 MIN
CUISSON : 40 MIN
DIFFICULTÉ : FACILE
COÛT : UN PEU CHER

Fricassée de lotte

- *600 g de queue de lotte coupée en gros cubes*
- *2 cm de gingembre haché*
- *1 oignon nouveau haché*
- *2 gousses d'ail hachées*
- *2 cuil. à soupe de curry madras*
- *Le jus de 2 citrons verts*
- *6 tomates*
- *200 g de riz*
- *1 dose de safran en filaments*
- *1 botte de coriandre*
- *3 cuil. à soupe d'huile d'olive*
- *Sel, poivre*

■ Dans une casserole, faites chauffer l'huile puis ajoutez le gingembre, l'oignon et l'ail. Faites revenir 3 à 4 min, en remuant souvent. Ajoutez le curry. Laissez cuire 3 à 4 min, puis versez le jus des citrons et les tomates épluchées et hachées. Baissez le feu et laissez compoter 30 min. Salez et poivrez.

■ Faites cuire le riz selon les indications sur le paquet. Avant que le riz ne soit complètement cuit, disposez la lotte dans la sauce et faites cuire 10 min. Égouttez le riz et ajoutez-y le safran. Ajoutez la coriandre effeuillée dans la sauce et servez avec le riz.

VARIANTE

Remplacez la lotte par d'autres poissons, crustacés ou fruits de mer mais ne faites pas cuire plus de 10 min.

CONSEIL

Le curry madras est souvent assez pimenté, n'hésitez donc pas à alléger la quantité ou à choisir un autre curry plus doux si vous redoutez le piment.

POUR 4 PERSONNES
PRÉPARATION : 20 MIN
CUISSON : 20 MIN
DIFFICULTÉ : FACILE
COÛT : BON MARCHÉ

Papillotes de truite de mer et spaghettis de légumes

- *4 pavés de truites de mer*
- *2 carottes*
- *2 navets*
- *2 pommes de terre*
- *2 courgettes*
- *1 tablette de bouillon de volaille*
- *½ citron jaune*
- *4 cuil. à café d'huile d'olive*
- *Sel, poivre*

Matériel
- *Papier sulfurisé*

■ Préchauffez le four à 220 °C (th. 6-7).

■ Épluchez les carottes, les navets et les pommes de terre. Retirez le bout des courgettes. À l'aide d'un taille-crayon à légumes, d'une mandoline ou d'une râpe, réalisez les spaghettis de légumes.

■ Dans une casserole d'eau froide salée, mettez la tablette de bouillon de volaille et les légumes. Portez à ébullition, puis coupez le feu et essorez les légumes.

■ Sur quatre grands carrés de papier sulfurisé, mettez un lit de légumes, posez par-dessus un filet de poisson et assaisonnez avec un peu de jus de citron, de l'huile d'olive, du sel et du poivre. Scellez vos papillotes en les refermant et enfournez 10 à 12 min. Laissez reposer quelques minutes avant de servir.

CONSEIL

Si vous pensez que vos enfants mangeront peu de légumes, remplacez-en une partie par des vrais spaghettis que vous mélangerez aux légumes.

POUR 4 PERSONNES
PRÉPARATION : 15 MIN
CUISSON : 3 À 5 MIN
DIFFICULTÉ : TRÈS FACILE
COÛT : RAISONNABLE

Croque du soir au poisson

- *8 tranches de pain de mie*
- *200 g de poisson cuit (merlan, cabillaud, roussette)*
- *200 g de mozzarella*
- *15 cl de coulis de tomates*
- *2 cuil. à soupe d'herbes fraîches hachées au choix*
- *40 g de beurre*
- *Sel, poivre*

Matériel
- *Appareil à croques*

■ Beurrez les tranches de pain. Étalez 2 cuil. à soupe de coulis de tomates sur le côté non beurré de 4 pains, ajoutez 2 tranches de mozzarella, puis du poisson émietté et des herbes. Salez, poivrez et recouvrez avec les autres tranches de pain de mie, côté beurré vers l'extérieur.

■ Faites cuire dans l'appareil à croques de 3 à 5 min, jusqu'à ce que le fromage fonde, puis servez.

SUGGESTION DE MENU

Accompagnez d'une pomme de terre cuite au four, garnie de crème aux fines herbes.

POUR 4 PERSONNES
PRÉPARATION : 10 MIN
CUISSON : 1 MIN
DIFFICULTÉ : TRÈS FACILE
COÛT : RAISONNABLE

Tartine de seigle à l'anchois

- 8 tranches de pain
  de seigle
- 300 g de filets d'anchois
- 100 g de St Môret
  ou autre fromage
  à la crème
- 1 tomate
- 1 citron
- 1 gousse d'ail
- 1 cuil. à soupe de persil
  plat haché
- 1 pointe de piment
  (facultatif)
- Sel, poivre

Matériel
- Mixeur

■ Passez les anchois et le fromage au mixeur. Procédez par petites impulsions pour ne pas obtenir une purée trop fine. Mélangez avec le persil. Si vous aimez, ajoutez la pointe de piment, poivrez et salez avec parcimonie.

■ Toastez rapidement le pain de seigle, frottez-le avec la gousse d'ail coupée en deux et tartinez-le de la purée d'anchois. Servez avec des quartiers de citron et de tomate.

POUR 4 PERSONNES
PRÉPARATION : 15 MIN
MARINADE 15 MIN
DIFFICULTÉ : TRÈS FACILE
COÛT : BON MARCHÉ

Tartine suédoise aux œufs

- *4 belles tranches de pain noir*
- *3 œufs*
- *1 petit oignon*
- *3 cuil. à soupe d'aneth ciselé*
- *2 cuil. à soupe de mayonnaise*
- *2 cuil. à soupe de fromage blanc*
- *50 g de raisins secs noirs*
- *Sel, poivre*

■ Plongez les œufs dans de l'eau bouillante salée, laissez cuire à frémissement 7 min.

■ Épluchez l'oignon et hachez-le très finement. Écrasez avec une fourchette les œufs durs et ajoutez successivement l'oignon, l'aneth, la mayonnaise, le fromage blanc et les raisins secs. Salez et poivrez, puis laissez mariner 15 min afin de permettre aux raisins secs de gonfler.

■ Coupez les tartines en deux et recouvrez-les du mélange aux œufs avant de servir.

POUR 8 PERSONNES
PRÉPARATION : 10 MIN
CUISSON : 6 MIN
DIFFICULTÉ : FACILE
COÛT : RAISONNABLE

Œufs
aux œufs de saumon
et à l'aneth

- 100 g d'œufs de saumon
- 16 œufs
- 25 cl de crème fraîche
  liquide entière
- 50 g de beurre
- 1 botte d'aneth
- Sel, poivre

Matériel
- Four à micro-ondes

■ Cassez les œufs dans un saladier. Battez-les au fouet. Salez, poivrez et ajoutez le beurre coupé en petits morceaux. Mettez 2 min au micro-ondes à puissance maximale. Sortez le saladier du four et fouettez la préparation. Remettez au micro-ondes 4 fois 1 min, en fouettant entre chaque étape.

■ Au bout de ce temps, les œufs brouillés doivent être cuits, mais pas secs. Fouettez énergiquement et laissez tiédir.

■ À l'aide d'un batteur électrique, fouettez la crème pour qu'elle épaississe. Mélangez-la aux œufs brouillés. Ajoutez l'aneth préalablement haché. Répartissez les œufs dans des bols. Décorez-les avec 1 cuil. d'œufs de saumon.

CONSEIL

Les œufs brouillés ont l'avantage de se marier à de nombreux aliments (lardons grillés, bâtonnets de jambon sec, poêlées de champignons...). Alors, n'hésitez pas à varier vos recettes.

POUR 6 PERSONNES
PRÉPARATION : 20 MIN
CUISSON : 35 MIN
DIFFICULTÉ : FACILE
COÛT : RAISONNABLE

Tarte au thon

- *1 rouleau de pâte feuilletée*
- *1 grosse boîte de thon au naturel (250–300 g poids net égoutté)*
- *3 tomates*
- *4 ou 5 cuil. à soupe de moutarde de Dijon*
- *3 œufs*
- *25 cl de crème fraîche*
- *Sel, poivre*

■ Préchauffez le four à 210 °C (th. 7). Abaissez la pâte feuilletée dans un moule à tarte. Piquez la pâte en plusieurs endroits avec une fourchette. Réservez-la au réfrigérateur.

■ Lavez les tomates, coupez-les en fines rondelles et laissez-les égoutter dans une passoire.

■ Badigeonnez le fond de la tarte d'une couche de moutarde. Émiettez le thon sur la moutarde. Disposez ensuite les rondelles de tomate sur le thon. Salez légèrement et poivrez.

■ Dans un bol, battez les œufs en omelette. Ajoutez la crème fraîche et battez jusqu'à ce que le mélange soit homogène. Salez légèrement et poivrez. Versez la préparation sur la garniture. Enfournez pendant 35 min.

VARIANTES

Pour cette recette, vous pouvez aussi utiliser de la moutarde à l'ancienne qui apportera une note un peu plus acidulée à votre tarte. N'hésitez pas à ajouter des morceaux d'olives vertes à cette recette, leur parfum se marie parfaitement avec les saveurs du thon.

POUR 8 PERSONNES
PRÉPARATION : 10 MIN
CUISSON : 35 MIN
DIFFICULTÉ : FACILE
COÛT : BON MARCHÉ

Terrine de poisson aux herbes

- *800 g de filets de saumon*
- *3 œufs*
- *2 échalotes*
- *150 g de fromage blanc*
- *50 g de crème fraîche épaisse entière*
- *1 cuil. à soupe de ciboulette hachée*
- *1 cuil. à soupe de cerfeuil haché*
- *1 cuil. à soupe d'aneth haché*
- *10 g de beurre pour le moule*
- *10 g de farine pour le moule*
- *Sel, poivre*

■ Épluchez et hachez les échalotes. Dans un plat muni d'un couvercle, ajoutez le saumon aux échalotes. Fermez le plat et mettez-le au four pendant 4 min à puissance maximale.

■ Sortez le saumon du four et laissez-le tiédir. Dans un robot muni d'une lame coupante, émiettez le poisson. Ajoutez la totalité des ingrédients restants. Salez, poivrez et faites tourner le mixeur pendant 2 à 3 min.

■ Beurrez un moule à cake et farinez-le. Versez la pâte à l'intérieur. Posez le moule à cake dans un plat à gratin rempli d'eau bouillante. Réglez le four sur la fonction chaleur tournante (à 200 °C). Enfournez pour 25 min. Sortez la terrine. Laissez-la refroidir avant de la démouler.

CONSEILS

Servez cette terrine avec un mesclun de salades et une mayonnaise aux herbes.

VARIANTES

Vous pouvez remplacer le saumon par d'autres poissons comme du cabillaud, de la lotte ou même des rougets.

POUR 8 PERSONNES
PRÉPARATION : 10 MIN
CUISSON : 5 MIN
DIFFICULTÉ : FACILE
COÛT : RAISONNABLE

Palourdes farcies aux amandes

- 2,5 kg de palourdes
  (il en faut 6 par personne
  soit 48 au total)
- 2 gousses d'ail
- 80 g de beurre salé
- 50 g de poudre
  d'amandes
- 1 cuil. à soupe
  de ciboulette hachée
- 1 cuil. à soupe de persil
  haché
- 1 cuil. à soupe de cerfeuil
  haché
- Poivre du moulin

Matériel
- Four à micro-ondes

■ Laissez le beurre à température ambiante. Épluchez et hachez l'ail. Ajoutez les herbes et versez le tout sur le beurre ramolli. À l'aide d'une fourchette, mélangez bien, puis poivrez.

■ Rincez les palourdes sous l'eau froide. Mettez-les dans un plat et enfournez-le au micro-ondes pour 2 min à puissance maximale. Les palourdes vont alors s'entrouvrir. Laissez-les tiédir et ouvrez-les. Conservez la moitié de la coquille dans laquelle vous mettrez la chair du coquillage. Déposez sur chaque coquillage 1 noix de beurre, puis 1 pincée de poudre d'amandes. Posez le tout sur une plaque allant au four.

■ Faites chauffer le gril du four. Enfournez les palourdes pour 3 ou 4 min. Le beurre doit fondre et la poudre d'amandes dorer. Servez chaud.

VARIANTES

Cette recette peut tout aussi bien être réalisée avec des coques ou des praires. Vous pouvez également remplacer la poudre d'amandes par de la poudre de noisettes. Succès garanti !

POUR 8 PERSONNES
PRÉPARATION : 10 MIN
CUISSON : 22 MIN
DIFFICULTÉ : FACILE
COÛT : BON MARCHÉ

Curry de poisson au lait de coco

- *8 filets de cabillaud
  ou de colin (environ 1 kg)*
- *250 g de riz blanc*
- *40 cl de lait de coco*
- *1 citron vert*
- *3 oignons nouveaux
  avec leurs tiges*
- *2 gousses d'ail*
- *5 cm de gingembre frais*
- *2 cuil. à soupe de curry
  en poudre*
- *1 dose de safran*
- *Sel, poivre*

Matériel
- *Four à micro-ondes*

■ Versez le riz dans une passoire et passez-le sous l'eau froide jusqu'à ce que celle-ci soit translucide. Versez-le alors dans un saladier avec 30 cl d'eau et le safran. Salez et enfournez à puissance maximale pour 15 min. Conservez au chaud le temps de préparer le curry.

■ Épluchez et hachez l'ail, les oignons et le gingembre et mettez-les dans un plat muni d'un couvercle. Ajoutez le curry et recouvrez d'un verre d'eau. Mélangez et faites cuire au micro-ondes pendant 4 min à puissance maximale.

■ Sortez le plat du four. Ajoutez le poisson et le lait de coco. Mélangez le tout délicatement et remettez au micro-ondes pour 4 min (à 900 W). Salez et poivrez.

■ Disposez les filets sur un plat. Pressez le jus du citron, ajoutez-le à la sauce et nappez-en les filets de poisson. Servez avec le riz au safran.

VARIANTES

Comme souvent pour ce type de recettes, vous pouvez varier les poissons en utilisant de la lotte, du lieu, du mérou, du thon blanc...

POUR 8 PERSONNES
PRÉPARATION : 10 MIN
CUISSON : 55 MIN
REPOS : 24 H
DIFFICULTÉ : FACILE
COÛT : BON MARCHÉ

Parmentier de brandade

- *800 g de morue*
- *1 kg de pommes de terre*
- *2 gousses d'ail*
- *40 g de beurre*
- *20 cl de crème entière*
- *15 cl d'huile d'olive*
- *15 cl de lait entier*
- *50 g de chapelure*
- *2 pincées de noix muscade*
- *Sel, poivre*

■ La veille, faites dessaler la morue en la mettant dans de l'eau froide et en changeant l'eau au moins 3 ou 4 fois. Le jour même, placez la morue dans un plat. Recouvrez d'eau chaude et mettez à cuire 4 min au micro-ondes à puissance maximale. Égouttez le poisson. Faites chauffer le lait et l'huile 1 min au micro-ondes. Émiettez la morue dans un saladier. Versez petit à petit le lait et l'huile d'olive sans cesser de remuer à l'aide d'une grande cuillère en bois. Versez le tout dans un plat à gratin.

■ Épluchez l'ail et hachez-le. Épluchez et émincez les pommes de terre. Mettez-les dans un plat avec du sel et du poivre. Couvrez d'eau et enfournez pour 20 min à puissance maximale. À mi-cuisson, sortez le plat et mélangez bien. En fin de cuisson, égouttez et écrasez les pommes de terre. Ajoutez le beurre, la crème et la noix muscade. Vérifiez l'assaisonnement et versez dans le plat à gratin. Saupoudrez de chapelure.

■ Réglez le four sur la fonction chaleur tournante. Enfournez pour 30 min et servez chaud.

POUR 8 PERSONNES
PRÉPARATION : 10 MIN
CUISSON : 11 MIN
DIFFICULTÉ : FACILE
COÛT : BON MARCHÉ

Papillotes de saumon au soja fondue de poireaux

- 8 pavés de saumon
- 6 poireaux
- 4 cuil. à soupe d'huile d'olive
- 4 cuil. à soupe de crème fraîche épaisse entière
- 8 cuil. à soupe de sauce soja
- Sel, poivre du Sichuan moulu (à défaut, mélange de baies moulues)

Matériel
- Four à micro-ondes

■ Éliminez le vert des poireaux et émincez-les. Rincez les blancs émincés sous l'eau froide pour bien les nettoyer. Mettez-les dans un saladier, ajoutez l'huile d'olive, la crème, salez et mélangez bien. Enfournez pour 8 min à puissance maximale. À mi-cuisson, mélangez à nouveau.

■ Sur 8 grands carrés de papier sulfurisé, répartissez les poireaux. Posez par-dessus les pavés de saumon, arrosez avec 1 cuil. à soupe de sauce soja. Salez et poivrez. Refermez les papillotes et enfournez à puissance maximale pour 3 min. Le saumon devrait être cru à cœur. Servez aussitôt. Chaque convive ouvrira sa papillote libérant ainsi une délicieuse vapeur parfumée.

VARIANTES

Cette recette peut parfaitement être réalisée avec toutes sortes de poissons comme le thon, le merlu, le cabillaud ou le lieu. Vous pouvez aussi utiliser des noix de saint-jacques ou des langoustines.

POUR 8 PERSONNES
PRÉPARATION : 10 MIN
CUISSON : 13 MIN
DIFFICULTÉ : FACILE
COÛT : BON MARCHÉ

Rougets grillés et haricots verts

- *800 g de filets de rouget*
- *1 kg de haricots verts*
- *2 carottes*
- *8 cuil. à soupe d'huile d'olive*
- *1 cuil. à café de curry*
- *2 cuil. à soupe de sauce soja*
- *1 cuil. à soupe de coriandre hachée*
- *Sel, poivre*

Matériel
- *Four à micro-ondes*

■ Préparez l'assaisonnement des haricots verts. Mélangez la sauce soja avec le curry et 4 cuil. à soupe d'huile d'olive. Ajoutez la coriandre hachée, salez et poivrez.

■ Épluchez les carottes et coupez-les en bâtonnets de la même taille que celle des haricots. Dans un saladier allant au micro-ondes, mettez les haricots verts et les carottes, un fond d'eau et du sel. Enfournez à puissance maximale pour 10 min.

■ Pendant ce temps, huilez une plaque avec 2 cuil. à soupe d'huile d'olive. Posez par-dessus les filets de rouget, côté peau vers le haut. À l'aide d'un pinceau, badigeonnez du reste d'huile d'olive la peau des filets. Salez et poivrez.

■ Quand les haricots sont cuits, sortez-les et égouttez-les. Faites cuire le poisson au micro-ondes pendant 3 min à 450 W. Posez un dôme de haricots verts sur les assiettes. Assaisonnez avec la sauce et disposez par-dessus les rougets cuits.

POUR 6 PERSONNES
PRÉPARATION : 30 MIN
CUISSON : 50 MIN
DIFFICULTÉ : FACILE
COÛT : CHER

Quiche au crabe

- 1 rouleau de pâte brisée
- 300 g de chair égouttée
  de crabe en boîte
- 3 œufs
- 25 cl de crème fraîche
  épaisse
- 5 brins de persil
- 1 pince de paprika doux
- Sel, poivre

■ Préchauffez le four à 210 °C (th. 7). Égouttez
la chair de crabe dans une passoire. Lavez et hachez
le persil.

■ Étalez la pâte brisée dans un moule et piquez le fond
de tarte avec une fourchette. Faites-le cuire à blanc.
Pour cela, couvrez votre fond de tarte d'une feuille
de papier d'aluminium, puis remplissez le moule avec
un légume sec (des haricots blancs, par exemple).
Cela empêchera le fond de gonfler et les bords de
s'affaisser. Enfournez le moule pour 15 min.

■ Pendant ce temps, cassez les œufs en séparant
les blancs des jaunes. Battez les blancs en neige ferme.

■ Dans un saladier, mélangez la chair de crabe avec
la crème fraîche et les jaunes d'œufs. Salez, poivrez,
ajoutez le paprika et le persil haché.

■ Incorporez délicatement les blancs en neige à la
préparation au crabe. Versez sur le fond de tarte,
enfournez et faites cuire à 180 °C (th. 6) pendant 30
à 35 min.

POUR 6 PERSONNES
PRÉPARATION : 20 MIN
CUISSON : 50 MIN
DIFFICULTÉ : FACILE
COÛT : RAISONNABLE

Quiche au saumon et au chèvre

- *1 rouleau de pâte brisée*
- *400 g de saumon frais*
- *250 g de fromage de chèvre frais*
- *4 œufs*
- *20 cl de crème fraîche épaisse*
- *Sel, poivre*

■ Préchauffez le four à 200 °C (th. 6-7). Étalez la pâte brisée dans un moule et piquez le fond de tarte en plusieurs endroits avec une fourchette. Couvrez de papier sulfurisé et de haricots secs et enfournez pour 15 min pour faire cuire la pâte à blanc.

■ Dans un saladier, écrasez le fromage de chèvre frais à la fourchette. Ajoutez les œufs entiers et la crème fraîche, et mélangez. Salez et poivrez.

■ Détaillez les pavés de saumon frais en fines tranches. Disposez-les sur le fond de tarte. Versez dessus le mélange œufs-crème-fromage, glissez le moule dans le four et faites cuire à 180 °C (th. 6) pendant 35 min.

VARIANTES

Vous pouvez également réaliser cette recette avec d'autres poissons tels que de la truite saumonée ou le cabillaud.

POUR 6 PERSONNES
PRÉPARATION : 30 MIN
CUISSON : 1 H
DIFFICULTÉ : FACILE
COÛT : RAISONNABLE

Tarte au cresson et à la truite

- *1 rouleau de pâte brisée*
- *2 truites saumonées sans la peau et préparées en filets*
- *2 bottes de cresson*
- *Le jus de 1/2 citron jaune*
- *3 œufs*
- *30 cl de crème fraîche*
- *Sel, poivre*

■ Préchauffez le four à 200°C (th. 6-7). Nettoyez avec soin le cresson, lavez-le à l'eau vinaigrée et rincez-le bien à l'eau courante. Mettez le cresson dans le panier d'un autocuiseur au-dessus d'un fond d'eau et faites-le cuire 2 min à la vapeur. Rafraîchissez le cresson sous l'eau froide, égouttez-le et réduisez-le en purée à l'aide d'un mixeur.

■ Plongez les œufs dans une casserole d'eau froide. Portez à ébullition et faites-les cuire 10 min. Rafraîchissez-les sous l'eau froide. Ôtez les coquilles et hachez les œufs durs. Mélangez-les à la crème fraîche et ajoutez le jus de citron. Incorporez ce mélange à la purée de cresson, puis salez et poivrez.

■ Retirez les arêtes des filets de truite et coupez ces derniers en lamelles. Étalez la pâte brisée dans un moule à tarte et piquez le fond avec une fourchette.

■ Versez sur la pâte la moitié de la préparation au cresson, répartissez les filets de truite et couvrez avec la purée restante. Enfournez pour 40 min. Servez aussitôt.

POUR 6 PERSONNES
PRÉPARATION : 20 MIN
CUISSON : 35 MIN
DIFFICULTÉ : FACILE
COÛT : RAISONNABLE

Tarte au saumon et au cheddar

- *1 rouleau de pâte feuilletée*
- *4 tranches de saumon fumé*
- *300 g de cheddar*
- *1 bouquet de ciboulette*
- *3 œufs*
- *25 cl de crème fraîche épaisse*
- *Sel, poivre*

■ Préchauffez le four à 210°C (th. 7). Abaissez la pâte feuilletée dans un moule à tarte. Piquez la pâte en plusieurs endroits avec une fourchette. Réservez-la au réfrigérateur.

■ Coupez le cheddar en tranches, puis tapissez la pâte feuilletée avec le fromage. Recouvrez-le avec les tranches de saumon fumé.

■ Dans un saladier, battez les œufs et la crème fraîche épaisse jusqu'à ce que le mélange soit bien homogène. Salez légèrement et poivrez.

■ Lavez la ciboulette. Ciselez-la finement, ajoutez-la à la préparation aux œufs et mélangez bien. Versez la préparation sur le saumon et le cheddar. Enfournez la tarte pour 35 min.

POUR 6 PERSONNES
PRÉPARATION : 30 MIN
CUISSON : 1 H
DIFFICULTÉ : FACILE
COÛT : RAISONNABLE

Tarte aux épinards et au saumon

- *1 rouleau de pâte brisée*
- *4 tranches de saumon fumé*
- *400 g de pousses d'épinards*
- *1 oignon*
- *20 g de beurre*
- *2 œufs*
- *25 cl de crème fraîche*
- *1 pincée de noix muscade moulue*
- *Sel, poivre*

■ Préchauffez le four à 200°C (th. 6-7). Déroulez la pâte brisée dans un moule et piquez le fond de tarte avec une fourchette. Faites-le cuire à blanc, au four, pendant 15 min.

■ Lavez, puis égouttez les épinards. Équeutez-les. Pelez et émincez l'oignon. Faites chauffer le beurre dans une poêle, ajoutez l'oignon et faites-le cuire jusqu'à ce qu'il devienne translucide. Ajoutez les épinards. Faites-les revenir 5 min. Salez légèrement et parfumez avec la noix muscade. Réservez.

■ Dans un bol, battez les œufs avec la crème fraîche. Salez légèrement, poivrez généreusement.

■ Tapissez le fond de tarte avec les tranches de saumon fumé. Recouvrez-les avec la fondue d'épinards, puis versez dessus la préparation aux œufs. Glissez la tarte dans le four et faites cuire pendant 35 min.

VARIANTES

Pour cette recette, vous pouvez aussi remplacer les épinards par du cresson ou des blettes que vous préparerez de la même façon.

POUR 6 PERSONNES
PRÉPARATION : 30 MIN
CUISSON : 50 MIN
DIFFICULTÉ : FACILE
COÛT : CHER

Tarte aux noix de saint-jacques

- *1 rouleau de pâte brisée*
- *3 blancs de poireaux*
- *18 noix de saint-jacques*
- *40 g de beurre*
- *30 cl de crème fraîche liquide*
- *3 œufs*
- *2 pincées de noix muscade moulue*
- *Sel, poivre*

■ Préchauffez le four à 210°C (th. 7). Déroulez la pâte brisée dans un moule à tarte et piquez le fond avec une fourchette.

■ Coupez les blancs de poireaux dans le sens de la longueur, lavez-les à l'eau courante. Égouttez-les et coupez-les en rondelles.

■ Dans une poêle, faites fondre le beurre. Ajoutez les blancs de poireaux. Faites-les cuire 10 min jusqu'à ce qu'ils soient bien tendres. Salez et poivrez. Éliminez, si nécessaire, l'eau de cuisson qui ne s'est pas évaporée.

■ Dans un saladier, battez les œufs en omelette avec la crème liquide et la noix muscade. Salez et poivrez.

■ Répartissez les noix de saint-jacques sur le fond de tarte. Couvrez-les avec les poireaux cuits, puis versez sur le tout l'appareil à quiche. Enfournez et faites cuire pendant 30 à 35 min.

CONSEIL

Vous pouvez utiliser pour cette recette des noix de saint-jacques surgelées.

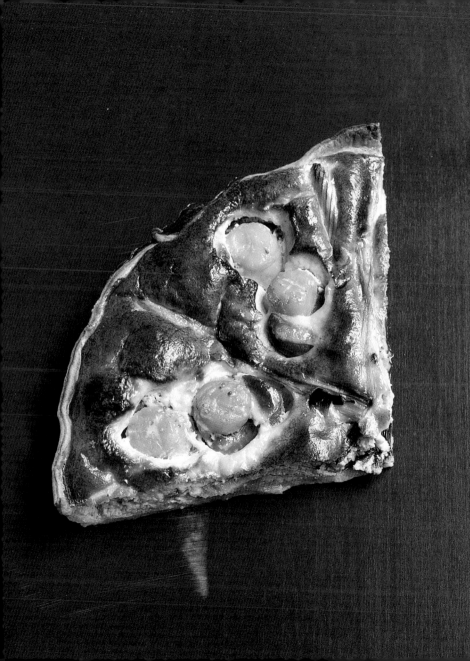

POUR 4 PERSONNES
PRÉPARATION : 15 MIN
CUISSON : 1 MIN
DIFFICULTÉ : TRÈS FACILE
COÛT : RAISONNABLE

Tartine de crevettes à la chinoise

- *4 tranches de pain au sésame*
- *200 g de petites crevettes roses cuites et décortiquées*
- *1 échalote*
- *1/2 bouquet de coriandre*
- *1/2 citron vert*
- *1 cuil. à soupe de sauce soja*
- *1 cuil. à soupe d'huile de sésame*
- *1 cuil. à soupe de nuoc-mam*
- *1 cuil. à café de gingembre en poudre*
- *1 pointe de piment*
- *1 cuil. à café de graines de sésame*

■ Épluchez et hachez l'échalote et la coriandre. Pressez le citron.

■ Dans un saladier, mélangez l'échalote, la coriandre, la sauce soja, l'huile de sésame, le nuoc-mam, le gingembre et la pointe de piment. Ajoutez les crevettes et mélangez. Laissez macérer. Faites griller les graines de sésame à sec dans une poêle pendant 1 min.

■ Toastez les tranches de pain et garnissez-les de crevettes. Servez.

POUR 4 PERSONNES
PRÉPARATION : 15 MIN
CUISSON : 1 MIN
DIFFICULTÉ : TRÈS FACILE
COÛT : RAISONNABLE

Tartine tropicale

- *8 tranches de pain au maïs*
- *150 g de crabe en boîte ou surgelé*
- *1 belle mangue ferme*
- *1 gros avocat ou 2 petits*
- *1 gousse d'ail*
- *1 petit piment (facultatif)*
- *2 cuil. à soupe de ketchup*
- *2 cuil. à café de sauce HP*
- *1 pointe de paprika*
- *2 cuil. à soupe de citron vert*
- *Sel, poivre*

■ Égouttez le crabe et émiettez-le si nécessaire. Épluchez la mangue et l'avocat et coupez-les en fines lamelles. Épluchez et hachez la gousse d'ail. Épépinez le piment et détaillez-le en petits dés. Mélangez le crabe, le piment, le ketchup, la sauce HP, l'ail et le paprika. Salez et poivrez.

■ Toastez rapidement les tranches de pain, disposez les lamelles d'avocat, de mangue, assaisonnez-les avec un peu de jus de citron, du sel et du poivre ; étalez le mélange au crabe et servez.

POUR 4 PERSONNES
PRÉPARATION : 15 MIN
CUISSON : 3 À 5 MIN
DIFFICULTÉ : FACILE
COÛT : CHER

Croque de blinis au tarama et aux cèpes

- 8 blinis
- 1 gros pot de tarama
- 250 g de cèpes nettoyés
- 1 gousse d'ail
- 1/2 bouquet de persil plat haché
- 40 g de beurre mou
- 5 cuil. à soupe d'huile d'olive
- Sel, poivre du moulin

Matériel
- Appareil à croques

■ Émincez les cèpes et faites-les revenir dans 2 cuil. à soupe d'huile d'olive en remuant jusqu'à ce que toute leur eau s'évapore. Salez, poivrez et ajoutez la gousse d'ail pelée et écrasée. Incorporez la moitié du persil et réservez.

■ Beurrez les blinis. Étalez, sur le côté non beurré de 4 blinis, une bonne couche de tarama, garnissez de cèpes, poivrez et parsemez de persil ; recouvrez avec les autres blinis, côté beurré vers l'extérieur. Faites cuire 3 à 5 min. Servez, bien dorés.

POUR 4 PERSONNES
PRÉPARATION : 15 MIN
CUISSON : 3 À 5 MIN
DIFFICULTÉ : TRÈS FACILE
COÛT : CHER

Croque noir
au saumon fumé

- 8 tranches de pain
  de seigle noir
- 4 tranches de saumon
  fumé
- 100 g de cheddar râpé
- 1 bouquet d'aneth
- 3 cuil. à soupe de crème
  fraîche épaisse
- 2 cuil. à soupe d'huile
  d'olive
- 1 cuil. à soupe de jus
  de citron
- 1 cuil. à soupe de cumin
  en grains
- 1 cuil. à café de sucre
- 40 g de beurre mou
- Sel, poivre du moulin

Matériel
- Appareil à croques

■ Beurrez les tranches de pain, salez-les et poivrez-les.

■ Rincez, séchez et effeuillez le bouquet d'aneth.

■ Dans un bol, fouettez la crème fraîche, l'huile d'olive, le jus de citron, 3 cuil. à soupe d'aneth ciselé et le sucre. Tartinez le côté non beurré de 4 tranches de pain avec cette crème, étalez sur chacune 1 tranche de saumon fumé, ajustez-la à la taille du pain, parsemez de cheddar râpé, de cumin et recouvrez des autres tranches de pain, côté beurré vers l'extérieur.

■ Faites cuire de 3 à 5 min dans l'appareil jusqu'à ce que le fromage ait fondu. Servez aussitôt.

VARIANTES

Vous pouvez remplacer le saumon fumé par un autre poisson fumé : truite, hareng, etc., ou, d'une façon plus économique, par des chutes de saumon fumé.

POUR 4 PERSONNES
PRÉPARATION 15 MIN
MARINADE : 2 H
CUISSON : 1 MIN
DIFFICULTÉ : FACILE
COÛT : RAISONNABLE

Baguette au levain toastée au tartare de thon

- *1 baguette au levain*
- *200 g de filet de thon très frais*
- *1 citron vert*
- *10 branches d'aneth*
- *1 petit fenouil*
- *2 cuil. à soupe d'huile de noix*
- *1 pincée de fleur de sel*
- *1/2 cuil. à café de poivre noir concassé*

■ Prélevez le zeste du citron et pressez-le. Émincez très finement le zeste. Hachez l'aneth en réservant quelques brins pour la finition. Éliminez la première feuille du fenouil. Lavez-le et émincez-le finement.

■ Rincez et épongez le poisson sur du papier absorbant. Coupez-le en très petits dés. Mêlez le jus de citron, l'huile de noix, le sel et la moitié du poivre ; ajoutez l'aneth, le zeste de citron et le fenouil. Mélangez bien avec les dés de poisson.

■ Répartissez le tartare sur des petites assiettes de service, décorez avec le reste de poivre et des brins d'aneth. Réservez au frais pendant 2 h.

■ Toastez légèrement des tranches de pain et garnissez-les de tartare. Servez.

VARIANTES

Vous pouvez préparer de la même façon un tartare de cabillaud, de thon ou de coquille Saint-Jacques.

SUGGESTION DE MENU

Présentez ces toasts à l'apéritif ou en entrée. Faites suivre d'un rôti et d'une tarte aux fruits meringuée.

POUR 4 PERSONNES
PRÉPARATION : 20 MIN
CUISSON : 35 MIN
DIFFICULTÉ : FACILE
COÛT : UN PEU CHER

Gâteau aux poires

- *2 œufs*
- *80 g de sucre*
- *120 g de beurre*
- *½ sachet de levure chimique*
- *1 cuil. à café de crème fraîche épaisse*
- *25 g de poudre d'amandes*
- *100 g de farine*
- *2 poires Conférence ou William*
- *1 pincée de sel*

■ Cassez les œufs et séparez les blancs des jaunes. Dans un saladier, fouettez les jaunes avec le sucre jusqu'à ce que le mélange blanchisse. Ajoutez alors le beurre, la levure, la crème, la poudre d'amandes et la farine. Homogénéisez le tout à l'aide d'un fouet.

■ Épluchez les poires, coupez-les en quatre, retirez le cœur et coupez la chair en dés.

■ Montez les blancs d'œufs en neige très ferme avec le sel. Mélangez-en la moitié avec les jaunes en fouettant vigoureusement. Versez ensuite le reste et mélangez délicatement. Terminez la pâte en ajoutant les dés de poires.

■ Préchauffez le four à 190 °C (th. 6). Dans un moule à gâteau graissé, versez la pâte et enfournez-la pour 30 à 35 min. Le gâteau doit dorer et gonfler. Retirez-le du four et laissez-le tiédir avant de le démouler.

VARIANTES

Vous pouvez réaliser le même gâteau avec des pommes, des abricots ou des pêches.

POUR 4 PERSONNES
PRÉPARATION : 15 MIN
CUISSON : 35 MIN
DIFFICULTÉ : FACILE
COÛT : BON MARCHÉ

Gâteau au yaourt

- *3 œufs*
- *200 g de sucre*
- *50 g de beurre*
- *1 yaourt à la grecque*
- *200 g de farine*
- *1 sachet de levure chimique*
- *Sel*

■ Préchauffez le four à 190 °C (th. 6).

■ Cassez les œufs et séparez les blancs des jaunes. Dans un saladier, fouettez les jaunes avec le sucre et le beurre. Ajoutez le yaourt, la farine et la levure chimique.

■ À l'aide d'un batteur, montez les blancs en neige très ferme avec une pincée de sel. Mélangez ensuite délicatement avec le mélange précédent.

■ Versez cette pâte dans un moule à gâteau graissé et fariné et enfournez pour 30 à 35 min. Le gâteau doit gonfler et dorer, et la pointe d'un couteau que vous enfoncerez à cœur doit ressortir humide et propre. Laissez tiédir avant de démouler et posez le gâteau sur une grille.

VARIANTES

C'est une recette de base que vous pouvez ensuite aromatiser avec de la vanille, des amandes effilées, des zestes de citron, d'orange ou de clémentine, etc.

POUR 4 PERSONNES
PRÉPARATION : 15 MIN
CUISSON : 20 MIN
DIFFICULTÉ : FACILE
COÛT : BON MARCHÉ

Brownies chocolat-noix

- *100 g de beurre*
- *100 g de chocolat noir*
- *125 g de cassonade*
- *60 g de farine*
- *2 œufs*
- *100 g de cerneaux noix*
- *Sel*

■ Préchauffez le four à 190 °C (th. 6).

■ Dans une casserole, faites fondre le beurre. Ajoutez ensuite le chocolat, mélangez bien et, lorsqu'il est totalement fondu, ajoutez la cassonade, la farine et le sel.

■ Coupez le feu et ajoutez les œufs un à un. Assurez-vous que chaque œuf est bien intégré à la pâte avant de mettre le suivant. Terminez en versant les noix.

■ Versez la pâte dans un moule à gâteau graissé et enfournez pour 20 min.

■ Laissez tiédir le gâteau avant de le démouler et de le découper en carrés de 5 cm de côté.

POUR 4 PERSONNES
PRÉPARATION : 15 MIN
REPOS : 4 H
CUISSON : 10 MIN
DIFFICULTÉ : FACILE
COÛT : BON MARCHÉ

Glace aux cookies

- 25 cl de lait
- 25 cl de crème liquide
- 4 pincées de vanille
* en poudre*
- 4 jaunes d'œufs
- 100 g de sucre

Pour les cookies
- 100 g de chocolat noir
- 50 g de noix de pécan
- 75 g de cassonade
- 95 g de sucre semoule
- 125 g de beurre à
* température ambiante*
- 1 œuf
- 150 g de farine
- 1 pincée de sel

Pour les cookies
- Sorbetière

■ Préparez d'abord la glace. Portez le lait et
la crème à ébullition avec la vanille. À l'aide d'un
fouet, mélangez vigoureusement les jaunes d'œufs
avec le sucre. Il faut que le mélange blanchisse. Sans
cesser de remuer, versez le lait bouillant sur les œufs.

■ Remettez le tout dans la casserole et faites cuire
à feu doux sans cesser de remuer avec une spatule
en bois. Lorsque la crème nappe complètement la
cuillère en bois, cela signifie qu'elle est cuite. Si vous
possédez un thermomètre, celui-ci doit afficher la
température de 83 ou 84 °C. Mettez alors la casserole
dans une grande bassine d'eau froide afin de cesser
immédiatement la cuisson.

■ Faites ensuite les cookies. Préchauffez le four
à 190 °C (th. 6). Hachez grossièrement le chocolat et
les noix de pécan. Dans un grand saladier, mélangez
la cassonade, le sucre et le beurre. Ajoutez l'œuf,
la farine, le sel, les noix et le chocolat. À chaque fois
que vous ajoutez un ingrédient, le mélange doit être
homogène avant d'ajouter le suivant. Laissez reposer
au frigo votre pâte pendant 30 min afin qu'elle se
solidifie et qu'elle soit plus facile à travailler.

■ Faites des boules de la taille d'une balle de golf.
Aplatissez-les légèrement et posez-les sur une plaque
à pâtisserie recouverte de papier sulfurisé. Enfournez
pour 10 min.

■ Lorsque la crème est froide, faites-la turbiner dans
la sorbetière. Lorsque la glace est prise, concassez 5
à 6 cookies et ajoutez-les. Mélangez bien et laissez
reposer 1 à 2 h au congélateur avant de consommer
votre glace.

CONSEIL

Vous pouvez bien sûr vous procurer de très bons cookies dans le commerce, mais ceux que vous ferez
seront toujours meilleurs. Comme c'est un travail un peu long, je prépare habituellement beaucoup
plus de pâte et j'en congèle une grande partie déjà débitée en petites boules. Je les sors ensuite au
fur et à mesure de mes besoins.

POUR 4 PERSONNES
PRÉPARATION : 15 MIN
REPOS : 10 MIN
CUISSON : 20 MIN
DIFFICULTÉ : FACILE
COÛT : BON MARCHÉ

Crumble aux pommes et aux fruits rouges

- 50 g de beurre demi-sel mou
- 50 g de cassonade
- 50 g de farine
- 50 g d'amandes effilées
- 3 pommes golden
- 100 g de fruits rouges

■ Dans un saladier, versez le beurre avec la cassonade, la farine et les amandes. Du bout des doigts, mélangez la pâte jusqu'à ce que vous ayez un sable homogène qui commence à s'agglomérer.

■ Épluchez les pommes, découpez-les en quartiers, retirez le cœur et coupez chaque morceau en quatre.

■ Préchauffez le four à 190 °C (th. 6). Dans un petit plat allant au four, mélangez les pommes et les fruits rouges. Couvrez alors de pâte et enfournez pour 15 à 20 min. Il faut que la pâte dore. Éteignez le four, entrouvrez-le et laissez reposer pendant 10 min. Servez ensuite votre crumble tiède.

D'AUTRES IDÉES

- pomme-rhubarbe gingembre
- pomme-poire
- poire-chocolat
- coing-framboise-pomme
- poire-mûre...

POUR 6 TARTELETTES
PRÉPARATION : 25 MIN
CUISSON : 15 MIN
DIFFICULTÉ : FACILE
COÛT : BON MARCHÉ

Tartelettes aux fraises

- *250 g de fraises*

Pour la pâte
- *1 œuf*
- *250 g de farine*
- *125 g de sucre*
- *125 g de beurre*
- *1 pincée de sel*

Pour la crème
- *50 g de beurre mou*
- *50 g de sucre*
- *1 œuf*
- *50 g de poudre d'amandes*

Matériel
- *6 moules à tartelettes*

■ Préchauffez le four à 190 °C (th. 6). Commencez par préparer la pâte. Dans un saladier, mélangez l'œuf avec la farine et le sucre. Lorsque vous obtenez un sable homogène, liez votre pâte avec le beurre et le sel. Étalez cette pâte et garnissez les moules.

■ Dans un saladier, préparez la crème. Fouettez ensemble le beurre et le sucre, ajoutez alors l'œuf et terminez par la poudre d'amandes. Garnissez le fond de vos tartelettes d'une couche de 0,5 cm d'épaisseur de crème d'amandes.

■ Enfournez pour 15 min. Il faut que la pâte et la crème dorent. Sortez vos tartelettes du four et laissez reposer. Nettoyez, équeutez les fraises puis épongez-les avant de les disposer joliment sur vos tartelettes. Servez aussitôt.

CONSEILS

Il vous restera probablement de la pâte et de la crème d'amandes, mais ce n'est pas grave car vous pouvez déjà préparer des tartelettes garnies de crème et les congeler. Lors d'un dîner improvisé, vous pourrez les sortir immédiatement.
Par ailleurs, vous pouvez faire la même recette avec des framboises.
Enfin, pour lustrer vos fruits, faites fondre un peu de gelée de groseilles et badigeonnez-les.

POUR UNE VINGTAINE
DE BISCUITS
PRÉPARATION : 20 MIN
CUISSON : 10 MIN
DIFFICULTÉ : FACILE
COÛT : BON MARCHÉ

Sablés aux amandes

- 150 g de farine
- 125 g de sucre
- 100 g de poudre
  d'amandes
- 2 œufs
- 125 g de beurre demi-sel
- 1 gousse de vanille
  en poudre
- 2 cuillères à soupe de lait
- 1 pincée de sel

Matériel
- Mixeur
- Emporte-pièce

■ Dans le bol du mixeur, versez la farine, le sucre et la poudre d'amandes. Actionnez votre robot et laissez tourner 5 min. Ajoutez ensuite 1 œuf et laissez tourner jusqu'à ce que vous obteniez un sable homogène. Ajoutez alors par le beurre et du sel. Votre pâte doit être homogène et souple.

■ Préparez la dorure. Coupez la gousse de vanille en deux dans le sens de la longueur. Grattez l'intérieur afin de récupérer les graines et mélangez-les avec l'œuf et le lait. Battez vigoureusement.

■ Préchauffez le four à 190 °C (th. 6). Étalez la pâte et réalisez des biscuits avec les emporte-pièce. Badigeonnez-les de dorure et faites-les cuire 10 à 12 min. Ils doivent être bien dorés. Laissez-les refroidir sur une grille avant de les consommer.

VARIANTES

Vous pouvez ajouter dans la dorure un peu de cannelle à la place de la vanille. Vous pouvez aussi remplacer la poudre d'amandes par de la poudre de noisettes.

POUR 4 PERSONNES
PRÉPARATION : 15 MIN
CUISSON : 3 À 5 MIN
DIFFICULTÉ : TRÈS FACILE
COÛT : BON MARCHÉ

Croque gourmand banane-choco-coco

- 8 tranches de pain brioché
- 2 bananes
- 2 cuil. à soupe
  de Nutella®
- 2 cuil. à café de cassonade
- 2 cuil. à soupe de sirop
  d'érable
- 2 cuil. à soupe de noix
  de coco râpée
- 40 g de beurre mou

Matériel
- Appareil à croques

■ Beurrez les tranches de pain brioché et parsemez-les de cassonade. Retournez-les.

■ Coupez les bananes en rondelles et sucrez-les avec le sirop d'érable. Répartissez-les sur 4 tranches de pain et saupoudrez-les de noix de coco râpée.

■ Tartinez les autres tranches de pain de Nutella® sur leur côté non beurré et recouvrez les bananes, côté beurré vers l'extérieur.

■ Faites cuire 3 à 5 min dans l'appareil. Servez les pains bien dorés.

POUR 4 PERSONNES
PRÉPARATION : 15 MIN
CUISSON : 15 MIN
DIFFICULTÉ : FACILE
COÛT : BON MARCHÉ

Financiers
à la framboise

- *100 g de beurre*
- *150 g de sucre*
- *100 g de poudre d'amandes*
- *2 cuil. à soupe de farine*
- *3 blancs d'œufs*
- *1 pincée de sel*
- *Des framboises surgelées*

Matériel
- *Batteur*

■ Préchauffez le four à 190 °C (th. 6).

■ Faites fondre le beurre dans une casserole à feu doux. Laissez-le cuire à feu moyen 5 min afin qu'il prenne une couleur noisette. Ôtez du feu.

■ Dans un saladier, mélangez le sucre, la poudre d'amandes, la farine et le sel et mélangez le tout.

■ À l'aide d'un batteur, montez en neige très ferme les blancs d'œufs. Incorporez-les délicatement au mélange précédent et ajoutez le beurre petit à petit.

■ Versez la pâte dans des moules antiadhésifs à financiers ou à mini-financiers. Enfoncez au centre 1 à 2 framboises surgelées et enfournez pour 10 min. Les financiers doivent être gonflés et bien dorés. Laissez-les refroidir avant de démouler.

VARIANTES

Vous pouvez réaliser la même recette en utilisant non pas des framboises mais des fraises, des cerises, des mûres ou des groseilles.

POUR 4 PERSONNES
PRÉPARATION : 15 MIN
REPOS : 1 H
CUISSON : 12 MIN
DIFFICULTÉ : FACILE
COÛT : BON MARCHÉ

Cupcakes
aux fruits rouges

- *1 gousse de vanille*
- *3 œufs*
- *80 g de cassonade*
- *100 g de beurre mou*
- *5 cl de lait frais*
- *200 g de farine*
- *1 sachet de levure
  chimique*
- *100 g de mélange
  de fruits rouges surgelés*
- *1 pincée de sel*

Pour le glaçage
- *10 cl de crème liquide
  entière*
- *1 cuil. à soupe de sucre
  glace*
- *Quelques gouttes
  de colorant rouge*
- *100 g de fromage frais
  type St Môret*

Matériel
- *Moules à cupcakes*
- *Poche à douille*

■ Préchauffez le four à 190 °C (th. 6). Coupez la gousse de vanille en deux dans le sens de la longueur et, à l'aide d'un couteau ou d'une cuillère, retirez les graines se trouvant à l'intérieur.

■ Séparez les blancs des jaunes d'œufs. Montez les blancs en neige très ferme avec le sel. Dans un saladier, fouettez les jaunes avec la cassonade, le beurre et la vanille. Ajoutez le lait, la farine et la levure. Terminez la pâte en mélangeant délicatement avec les blancs d'œufs et les fruits rouges.

■ Versez votre pâte dans des petits moules à cupcakes et faites cuire 10 à 12 min. Ils doivent gonfler et dorer. Laissez refroidir en dehors du four.

■ Pendant ce temps, montez la crème liquide en chantilly avec le sucre glace. Lorsqu'elle est bien épaisse, ajoutez le colorant et le fromage frais. Mettez cette crème dans une poche à pâtisserie et décorez à l'aide d'une douille cannelée. À défaut de poche à douille, trempez simplement vos gâteaux dans la crème. Laissez refroidir avant de servir.

POUR 4 PERSONNES
PRÉPARATION : 15 MIN
REPOS : 120 MIN
DIFFICULTÉ : FACILE
COÛT : BON MARCHÉ

Tiramisu
aux fraises Tagada

- *20 cl de crème liquide*
- *100 g de mascarpone*
- *100 g de sucre*
- *4 jaunes d'œufs*
- *8 biscuits à la cuiller*
- *10 cl de coulis de fraise*
- *1 sachet de fraises Tagada*

Matériel
- *Batteur*

■ À l'aide du batteur, montez en chantilly la crème liquide avec le mascarpone et la moitié du sucre. Votre mélange doit être très épais.

■ Dans un autre saladier, mélangez les jaunes d'œufs avec le reste de sucre et fouettez-le jusqu'à ce que votre préparation blanchisse fortement et double de volume. Versez les jaunes sur le mascarpone et homogénéisez le tout.

■ Coupez les biscuits en deux. Trempez-en la moitié dans le coulis de fraise et mettez-les au fond de quatre verres ou coupelles. Remplissez à moitié de crème de tiramisu, mettez à nouveau une couche de biscuits trempés et couvrez avec le reste de crème.

■ Décorez avec quelques bonbons et laissez reposer pendant 2 h au frais avant de déguster.

CONSEIL

Pour des adultes ou des plus grands, remplacez les bonbons par de vrais fruits.

POUR 6 PERSONNES
PRÉPARATION : 15 MIN
CUISSON : 35 MIN
DIFFICULTÉ : FACILE
COÛT : RAISONNABLE

Cake tigré

- *40 g de cacao non sucré*
- *3 œufs*
- *1 yaourt*
- *10 cl de crème fraiche épaisse*
- *150 g de sucre + 10 g pour le moule*
- *1 sachet de sucre vanillé*
- *120 g de farine*
- *50 g de poudre d'amandes*
- *1 sachet de levure chimique*
- *15 g de beurre pour le moule*

■ Préchauffez le four à 180 °C (th. 6). Beurrez, puis sucrez le moule et laissez-le au réfrigérateur le temps de réaliser la pâte.

■ Dans une jatte, incorporez le yaourt à la crème, puis ajoutez le sucre et les œufs. Mélangez jusqu'à obtention d'une préparation mousseuse. Ajoutez la farine, la poudre d'amandes et la levure.

■ Divisez la pâte en deux : incorporez le sucre vanillé dans l'une et le cacao dans l'autre. Remplissez le moule successivement d'une couche chocolatée, puis d'une couche vanillée jusqu'à épuisement de la pâte. Enfournez pour 35 min.

CONSEIL

Si vous voulez obtenir une marbrure plus fine, remplissez le moule avec une poche munie d'une douille plus ou moins fine.

POUR 6 PERSONNES
PRÉPARATION : 15 MIN
CUISSON : 35 MIN
DIFFICULTÉ : FACILE
COÛT : RAISONNABLE

Cake aux marshmallows

- *150 g de marshmallows*
- *5 cl d'eau de rose*
- *3 œufs*
- *1 yaourt*
- *10 cl de crème fraîche épaisse*
- *150 g de sucre + 10 g pour le moule*
- *160 g de farine*
- *50 g de poudre d'amandes*
- *1 sachet de levure chimique*
- *15 g de beurre pour le moule*

■ Préchauffez le four à 180 °C (th. 6). Beurrez et sucrez le moule et laissez-le au réfrigérateur le temps de réaliser la pâte.

■ Dans une jatte, incorporez le yaourt à la crème, puis ajoutez le sucre, les œufs et l'eau de rose. Mélangez jusqu'à obtention d'une préparation mousseuse. Ajoutez la farine, la poudre d'amandes et la levure.

■ Coupez les marshmallows en quatre avec des ciseaux. Remplissez le moule de pâte et recouvrez la préparation avec les morceaux de marshmallows. Enfournez pour 35 min.

CONSEIL

Essayez de trouver des mini-marshmallows : vous n'aurez pas besoin de les couper avant de les utiliser.

POUR 8 PERSONNES
PRÉPARATION : 10 MIN
CUISSON : 5 MIN
REPOS : 1 H
DIFFICULTÉ : TRÈS FACILE
COÛT : RAISONNABLE

Salade sanguine
à la vanille

- *6 oranges sanguines*
- *6 oranges maltaises*
- *1 gousse de vanille*
- *1 cuil. à soupe de miel*

▓ À l'aide d'un petit couteau, épluchez les oranges en retirant la peau et la membrane blanche. Vous ne devez conserver que la chair. Toujours à l'aide d'un couteau, retirez les quartiers et pressez le cœur pour récupérer le jus.

▓ Coupez la gousse de vanille en deux et retirez les graines avec la pointe du couteau. Mélangez le jus, les quartiers d'oranges, le miel et la vanille. Mettez le tout dans une casserole. Portez à ébullition, éteignez le feu et laissez reposer au moins 1 h. Les oranges seront fondantes et le miel totalement dissous.

POUR 6 PERSONNES
PRÉPARATION : 25 MIN
CUISSON : 45 MIN
DIFFICULTÉ : TRÈS FACILE
COÛT : BON MARCHÉ

Tarte à la rhubarbe

- *1 pâte brisée ou sablée (voir p. 139)*
- *450 g de rhubarbe*
- *1/2 cuil. à café de cannelle*
- *1 cuil. à café de zeste de citron non traité*
- *Le zeste de 1 orange non traitée*
- *350 g de sucre en poudre*
- *50 g de beurre*
- *2 œufs*

■ Étalez la pâte dans un moule à tarte et piquez-la avec une fourchette.

■ Épluchez les tiges de rhubarbe et éliminez-en les parties dures. Coupez les tiges en petits dés. Préchauffez le four à 200 °C (th. 6-7).

■ Dans une grande casserole, mettez les morceaux de rhubarbe avec le sucre, la cannelle, le zeste d'orange et de citron ainsi que le beurre et laissez cuire de 10 à 15 min à feu doux. Battez les œufs et ajoutez-les au mélange. Garnissez ensuite la tarte de cette préparation.

■ Enfournez et faites cuire 10 min, puis baissez la température à 180 °C (th. 6) et continuez la cuisson 25 à 30 min. Servez froid.

CONSEIL

Servez cette tarte avec un coulis de fruits rouges ou des boules de glace à la vanille.

POUR 6 PERSONNES
PRÉPARATION : 30 MIN
CUISSON : 45 MIN
DIFFICULTÉ : FACILE
COÛT : BON MARCHÉ

Tarte amandine aux poires

- *1 pâte feuilletée au beurre (voir p. 140)*
- *100 g d'amandes hachées*
- *1 kg de poires*
- *60 g de sucre semoule*
- *50 g de beurre*

Pour la crème d'amande
- *250 g d'amandes en poudre*
- *200 g de sucre semoule*
- *5 blancs d'œufs + 3 jaunes*
- *Le zeste de 1 citron vert*
- *1 sachet de sucre vanillé*

■ Garnissez un moule de pâte feuilletée. Piquez cette dernière avec une fourchette et laissez le tout au frais.

■ Préparez la crème d'amande : mélangez les amandes en poudre avec le sucre dans une terrine. Ajoutez les jaunes d'œufs un par un en battant vigoureusement. Ce mélange doit être homogène, lisse, et augmenter de volume. Battez les blancs en neige et incorporez-les au mélange. Ajoutez le sucre vanillé et le zeste du citron. Réservez.

■ Épluchez les poires et coupez-les en fins quartiers. Préchauffez le four à 190 °C (th. 6-7).

■ Sortez la pâte du réfrigérateur, garnissez-la de crème d'amande et recouvrez le tout des quartiers de poire disposés en cercle. Parsemez de sucre, d'amandes hachées et de noisettes de beurre. Faites cuire au four pendant environ 45 min.

VARIANTES

Vous pouvez parfumer cette tarte avec 1/2 cuil. à café de vanille ou 1 cuil. à soupe d'eau de fleur d'oranger. Vous pouvez également utiliser une pâte brisée au lieu d'une pâte feuilletée et, pourquoi pas, une pâte aux amandes.

POUR 4 PERSONNES
PRÉPARATION : 10 MIN
CUISSON : 10 MIN
DIFFICULTÉ : FACILE
COÛT : BON MARCHÉ

Bananes flambées

- *4 bananes*
- *1 cuil. à soupe d'amandes effilées*
- *25 g de beurre demi-sel*
- *25 g de cassonade*
- *5 cl de rhum blanc*

■ Dans une poêle sans matières grasses, faites revenir les amandes jusqu'à ce qu'elles dorent. Dès qu'elles commencent à colorer, retirez-les immédiatement du feu et de la poêle. Épluchez les bananes. Dans une poêle, faites fondre le beurre avec la cassonade. Lorsque le sucre commence à caraméliser, ajoutez les bananes et enrobez-les bien.

■ Faites cuire à feu doux pendant 5 min et retournez-les. Laissez encore cuire 5 min en les arrosant de temps en temps avec le jus de cuisson. Versez le rhum et flambez avant de servir. Décorez avec les amandes effilées.

VARIANTES

Vous pouvez faire la même recette avec des rondelles d'ananas frais ou des quartiers de pommes.

CONSEIL

Faites attention lorsque vous flambez le rhum car la flamme peut vite prendre de la hauteur.

POUR 4 PERSONNES
PRÉPARATION : 15 MIN
CUISSON : 10 MIN
REPOS : 3 H 30
DIFFICULTÉ : FACILE
COÛT : BON MARCHÉ

Panna cotta

- *1 gousse de vanille*
- *50 g de sucre semoule*
- *50 cl de crème fleurette*
- *3 feuilles de gélatine
ou 2 g d'agar-agar*

**Pour le coulis
de framboises**
- *200 g de framboises*
- *Le jus de 1/2 citron jaune*
- *1 cuil. à soupe de sucre
semoule*

■ Incisez la gousse dans la longueur. Dans une casserole, versez la gousse, le sucre et la crème. Portez à ébullition, laissez infuser 30 min et ôtez la gousse. Faites tremper les feuilles de gélatine dans l'eau froide ou déliez l'agar-agar dans un peu d'eau. Faites à nouveau chauffer la crème et ajoutez la gélatine avant de couper le feu. Si vous utilisez de l'agar-agar, portez une nouvelle fois à ébullition. Versez la crème au travers d'un tamis dans de jolis verres et laissez prendre au moins 3 h 30 au frais.

■ Nettoyez les framboises. Mixez le jus de citron avec le sucre et les framboises. Portez le mélange à ébullition. Laissez refroidir. Sortez les panna cotta du réfrigérateur et couvrez-les du coulis de framboises avant de servir.

VARIANTES

Remplacez les framboises par d'autres fruits rouges : fraises, mûres, groseilles, cerises...

CONSEIL

Nettoyez les fruits, ils sont traités avec des conservateurs après les récoltes.

POUR 8 PERSONNES
PRÉPARATION : 20 MIN
CUISSON : 13 MIN
REPOS : 2 H
DIFFICULTÉ : FACILE
COÛT : BON MARCHÉ

Tarte au chocolat et au Nutella®

- *160 g de chocolat noir*
- *200 g de Nutella®*
- *250 g de farine*
- *125 g de sucre*
- *155 g de beurre +*
  10 g pour le moule
- *1 œuf*
- *10 cl de crème liquide*
  entière
- *5 cl de lait entier*
- *1 pincée de sel*

■ Coupez 125 g de beurre en petits morceaux. Sur le plan de travail, versez la farine, le sucre et le sel. Ajoutez le beurre et intégrez-le à la farine jusqu'à obtenir un mélange sableux. Ajoutez l'œuf et mélangez. Roulez la pâte en boule et laissez-la reposer 1 h.

■ Au bout de ce temps, beurrez un moule à tarte. À l'aide d'un rouleau à pâtisserie, étalez la pâte et disposez-la dans le moule. Piquez-la à la fourchette. Couvrez la pâte de papier sulfurisé et posez dessus des haricots secs afin d'éviter que la pâte ne lève à la cuisson. Enfournez pour 10 min à 200 °C. En fin de cuisson, enlevez les haricots et le papier sulfurisé pour que le fond dore.

■ Dans un saladier, mettez le chocolat et le lait. Enfournez 2 min. Puis faites fondre le reste de beurre pendant 1 min. Mélangez le chocolat noir cassé en morceaux et le lait, puis ajoutez la crème et le beurre. Mélangez à nouveau avant d'ajouter le Nutella®. Coulez la ganache ainsi obtenue dans le fond de tarte et laissez reposer 1 h à température ambiante avant de déguster.

POUR 8 PERSONNES
PRÉPARATION : 20 MIN
CUISSON : 14 MIN
DIFFICULTÉ : FACILE
COÛT : BON MARCHÉ

Moelleux au chocolat

- 250 g de chocolat
- 4 œufs
- 70 g de farine
- 250 g de beurre
  + 10 g pour le moule
- 250 g de sucre
- 1 pincée de sel

Matériel
- Mixeur
- Four à micro-ondes

■ Dans un saladier, mettez un peu d'eau et le chocolat en morceaux. Enfournez pour 2 min à puissance maximale. Sortez du four et mélangez bien.

■ Dans un saladier, versez le sucre, le sel et le beurre. Mixez le tout jusqu'à obtenir un mélange homogène. Ajoutez ensuite les œufs un à un, en mélangeant bien entre chaque. Versez ensuite le chocolat, et finissez par la farine. Mélangez bien.

■ Beurrez un moule à gâteau antiadhésif et coulez-y la pâte. Enfournez pour 12 min en chaleur tournante à 200 °C. Le gâteau doit craqueler sur le dessus, mais rester presque cru au milieu. Sortez le gâteau du four, et laissez-le refroidir avant de le démouler.

CONSEIL

Vous pouvez servir ce gâteau avec de la glace à la vanille ou au caramel.

POUR 8 PERSONNES
PRÉPARATION : 20 MIN
CUISSON : 30 MIN
REPOS : 2 H
DIFFICULTÉ : FACILE
COÛT : BON MARCHÉ

Crème brûlée

- *125 g de sucre semoule*
- *6 jaunes d'œufs*
- *20 cl de lait entier*
- *40 cl de crème fraîche liquide entière*
- *8 cuil. à café de cassonade*
- *1 gousse de vanille*

Matériel
- *Four à micro-ondes*

■ Dans un saladier, mélangez la crème et le lait. Coupez la gousse de vanille dans le sens de la longueur et grattez l'intérieur pour récupérer les graines. Mettez-les dans le saladier ainsi que la gousse. Enfournez 5 min à puissance maximale au micro-ondes. Le mélange doit alors être bouillant. Laissez infuser le temps de préparer la suite.

■ Dans un saladier, fouettez le sucre semoule et les jaunes d'œufs, jusqu'à ce que le mélange blanchisse et soit bien homogène. Incorporez ensuite au fur et à mesure le mélange lait-crème chaud. Répartissez la préparation dans des ramequins ou des moules à crème brûlée.

■ Enfournez pour 20 min en fonction combinée chaleur tournante (à 120 °C) et micro-ondes (à 270 W). La crème doit être complètement prise. Laissez ensuite refroidir.

■ Juste avant de déguster, saupoudrez de cassonade et passez chaque crème 3 à 4 min sous le gril sans la quitter des yeux pour éviter qu'elle ne brûle.

VARIANTE

Vous pouvez aussi confectionner des crèmes au café en remplaçant la vanille par 2 cuil. à soupe de café lyophilisé.

POUR 8 PERSONNES
PRÉPARATION : 20 MIN
CUISSON : 22 MIN
DIFFICULTÉ : FACILE
COÛT : BON MARCHÉ

Crumble de pommes au sirop d'érable et flocons d'avoine

- 1,2 kg de pommes golden
- 150 g de raisins secs
- 1 verre de sirop d'érable
- 100 g de flocons d'avoine
- 110 g de farine
- 70 g de cassonade
- 150 g de beurre
  + 10 g pour le moule
- 1 cuil. à soupe
  de quatre-épices
- 1 pincée de sel

Matériel
- Four à micro-ondes

■ Beurrez un plat à gratin. Mettez les raisins secs dans un bol. Couvrez d'eau et placez au micro-ondes 2 min à puissance maximale. Égouttez les raisins. Ils doivent être bien gonflés. Épluchez les pommes, puis coupez-les en quartiers en ôtant le cœur. Mélangez aux raisins, disposez dans le plat et arrosez de sirop d'érable.

■ Sur le plan de travail, mélangez les flocons d'avoine, la farine, le sel, la cassonade et les épices. Coupez le beurre en petits morceaux et, du bout des doigts, incorporez-le au reste. Vous devez obtenir un mélange à l'aspect sableux.

■ Répartissez cette pâte sur les pommes et enfournez pour 20 min en fonction combinée chaleur tournante (à 200 °C) et micro-ondes (à 450 W). Le dessus doit être doré (voire presque brun) et croustillant. Laissez tiédir et servez.

CONSEIL

Pour un dessert encore plus gourmand, faites fondre sur chaque part 1 boule de glace à la vanille ou aux épices, ou encore un peu de crème fraîche... C'est délicieux !

POUR 8 PERSONNES
PRÉPARATION : 10 MIN
CUISSON : 10 MIN
DIFFICULTÉ : FACILE
COÛT : BON MARCHÉ

Bananes grillées, chantilly à la vanille

- 8 bananes
- 20 cl de crème entière liquide
- 2 cuil. à soupe de cassonade
- 1 gousse de vanille

Matériel
- Four à micro-ondes

■ Préparez la crème Chantilly : versez la crème et la cassonade dans un saladier et fouettez-la jusqu'à ce qu'elle devienne épaisse. Coupez la gousse de vanille dans le sens de la longueur et, à l'aide d'une petite cuillère, retirez les graines. Mélangez-les à la crème. Réservez au frais.

■ Déposez les bananes sur une plaque. Réglez le four sur la fonction combiné micro-ondes (à 270 W) et gril, et faites cuire le bananes 5 min. Retournez-les, puis recommencez l'opération une fois. Il faut que la peau des bananes soit noire.

■ Sortez les bananes du four et disposez-les sur des assiettes. Ouvrez chacune à l'aide d'un couteau pointu et nappez-la de 1 cuil. de crème qui va fondre sur sa chair chaude. Servez aussitôt.

VARIANTES

Vous pouvez remplacer la vanille par de la cannelle ou aromatiser légèrement la chantilly avec un zeste de citron.

POUR 8 PERSONNES
PRÉPARATION : 10 MIN
CUISSON : 20 MIN
REPOS : 30 MIN
DIFFICULTÉ : FACILE
COÛT : RAISONNABLE

Ananas rôti
aux épices

- *1 gros ananas*
- *3 citrons verts pressés*
- *8 étoiles de badiane*
  (anis étoilé)
- *8 morceaux de cannelle*
- *2 gousses de vanille*
- *25 cl de rhum blanc*
  martiniquais

■ Préchauffez le four à 200 °C (th. 6-7). Coupez les gousses de vanille dans le sens de la longueur, et retirez les graines à l'aide d'une petite cuillère. Mélangez-les au rhum et au jus de citron vert.

■ Épluchez l'ananas et coupez-le en 8 quartiers. Retirez le cœur et coupez chaque quartier en tronçons. Répartissez-les sur 8 grands carrés de papier sulfurisé. Posez sur chaque 1 morceau de cannelle et 1 étoile de badiane. Versez 2 à 3 cuil. à soupe de rhum par papillote et refermez-la. Laissez reposer 20 min.

■ Enfournez pour 20 min. Laissez ensuite refroidir une dizaine de minutes en dehors du four avant de servir.

VARIANTES

On peut aussi utiliser des clous de girofle, de la cardamome ou du romarin et du thym. Ces épices ou aromates doivent, bien sûr, être employés en petites quantités pour n'apporter au plat qu'un léger parfum.

POUR 8 PERSONNES
PRÉPARATION : 10 MIN
CUISSON : 10 MIN
REPOS : 10 MIN
DIFFICULTÉ : FACILE
COÛT : BON MARCHÉ

Papillotes de bananes aux pamplemousses

- 6 bananes
- 4 pamplemousses
- 8 carrés de chocolat amer

■ Préchauffez le four à 200 °C (th. 6-7). À l'aide d'un petit couteau, épluchez les pamplemousses en retirant la peau et la membrane blanche puis prélevez les quartiers et pressez le cœur pour retirer le jus. Épluchez les bananes et coupez-les en tranches.

■ Sur 8 grands carrés de papier sulfurisé, répartissez des rondelles de bananes et des quartiers de pamplemousses. Recouvrez le tout d'un peu de jus de pamplemousse.

■ À l'aide d'une râpe à fromage, râpez 1 carré de chocolat sur chaque papillote et refermez-la. Enfournez pour 10 min. Laissez ensuite refroidir une dizaine de minutes en dehors du four avant de servir.

VARIANTES

On peut, bien sûr, utiliser d'autres agrumes comme les oranges, mais l'amertume du pamplemousse se marie particulièrement bien à la suavité du chocolat. Si vous le désirez, épicez ce dessert avec une pointe de cannelle, de vanille, et même pourquoi pas, de piment rouge ou de gingembre en poudre.

POUR 8 PERSONNES
PRÉPARATION : 10 MIN
CUISSON : 20 MIN
REPOS : 30 MIN
DIFFICULTÉ : FACILE
COÛT : BON MARCHÉ

Clafoutis aux cerises

- *600 g de cerises*
- *125 g de farine*
- *100 g de cassonade*
- *3 œufs*
- *20 g de beurre*
- *30 cl de lait frais entier*
- *1 pincée de sel*

■ Préchauffez le four à 200 °C (th. 6-7). Lavez et équeutez les cerises. Beurrez généreusement un plat à gratin. Versez-y les fruits et la moitié de la cassonade. Laissez reposer 30 min.

■ Dans un saladier, tamisez la farine et ajoutez le sel, puis les œufs et le lait. Fouettez énergiquement afin d'éviter les grumeaux. Terminez en ajoutant le reste du sucre. Versez le mélange sur les fruits.

■ Enfournez pour 20 min. Servez tiède ou froid selon votre goût.

CONSEIL

Il n'est pas obligatoire de faire mariner les cerises dans le sucre, néanmoins, faites-le si vous avez le temps, car cela les attendrit et rendra le clafoutis plus goûteux.

VARIANTES

On peut tout à fait remplacer les cerises par des mirabelles ou des petites prunes.

POUR 8 PERSONNES
PRÉPARATION : 20 MIN
CUISSON : 22 MIN
DIFFICULTÉ : FACILE
COÛT : BON MARCHÉ

Gâteau aux pommes

– 2 pommes
– 3 œufs
– 160 g de sucre
– 160 g de farine
– 160 g de beurre fondu
  + 10 g pour le moule
– 2 cuil. à soupe de gelée
  de pomme
– 1 pincée de sel

Matériel
– Four à micro-ondes

■ Séparez les blancs des jaunes d'œufs dans des récipients différents. Battez les jaunes avec le sucre jusqu'à ce que le mélange blanchisse et soit bien homogène. Ajoutez alors le beurre et mélangez à nouveau. Tamisez la farine et ajoutez-la au mélange. Dans un grand saladier, montez les blancs en neige avec le sel. Incorporez-les très délicatement au mélange précédemment obtenu.

■ Beurrez un moule à cake ou un moule rond et versez-y la préparation. Épluchez les pommes. Coupez-les en quartiers, retirez le cœur et coupez chaque quartier en 6 tranches environ. Répartissez les pommes ainsi émincées sur tout le gâteau. Réglez le four sur la fonction combinée micro-ondes (à 450 W) et chaleur tournante (à 200 °C). Enfournez pour 20 min. Sortez le gâteau.

■ Dans un bol, mettez la gelée de pomme et 2 cuil. à soupe d'eau. Faites fondre au micro-ondes à puissance maximale pendant 2 min. Mélangez et, à l'aide d'un pinceau, badigeonnez le dessus du gâteau de cette préparation. Laissez refroidir avant de déguster, en vous assurant d'avoir bien recouvert la totalité du gâteau.

Table des recettes

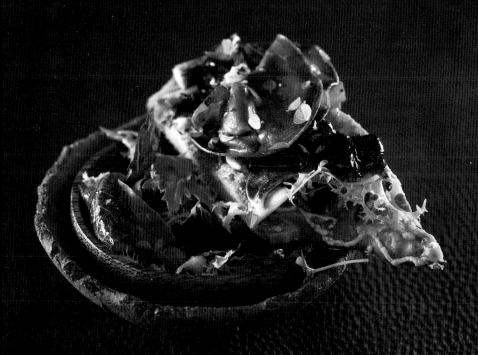

Bon app' Découvrez les nouveautés

BON APP'
+ de 100 recettes et variantes

4,95 € seulement

Espumas, mousses & chantilly — Papillotes — Quiches & pies — Whoopies & cake pops

MAXI BON APP'
Encore plus de recettes !

9,95 € seulement

Apéros — Quiches, cakes, tartes & Co — Muffins, brownies, whoopies & Co — Easy cook

Retrouvez le reste de la collection

 Apéros dînatoires

 Chocolat, moelleux & fondants

 Cocottes & cassolettes

 Tiramisu, pana cotta & cheesecakes

 Verrines & finger food

 Macarons & gourmandises

 Muffins, brownies & cupcakes

 Apéritifs & dips

Mais aussi :

Cuisine bon marché - Easy Cook - Pasta, riz et risottos - Tajines et couscous - Cakes, tartes et salades - Cuisine minceur - Jus, smoothies et cocktails - Barbecue, plancha et croques - Cuisine fraîcheur - Tatins, crumbles et clafoutis - Mezzés, pâtisseries et autres saveurs orientales - Wok et vapeur - 365 menus, recettes et variantes - Brunch et petit dej - Cuisine de l'étudiant - Goûter et café gourmand - Choux, charlottes et millefeuilles - Crêpes, blinis et pancakes - Cuisine végétarienne - Soupes et plats gourmands - Sushi, yakitori et autres délices asiatiques - Cuisine pour les enfants - Fait maison - Recettes de base : pâtes, préparations, sauces...

Avec Mobiletag, réservez directement des centaines de stages ou cours de cuisine, classés par thèmes et sélectionnés par :

www.1001stages.com

Crédits photographiques :
© Amélie Roche : pp. 5, 7, 9, 35, 167, 187, 217, 259, 271, 277 ; © Éric Fénot : pp. 13, 15, 37, 39, 41, 43, 45, 47, 49, 51, 53, 55, 61, 63, 65, 67, 69, 71, 73, 85, 87, 133, 135, 137, 139, 141, 161, 163, 165, 191, 193, 195, 197, 199, 201, 203, 205, 219, 221, 225, 227, 229, 231, 233, 235, 237, 251, 253, 255, 257, 273, 281, 283, 295, 297, 299, 301, 303, 305, 307, 309, 311 ; © Valéry Guedes : pp. 17, 19, 21, 23, 285 ; © Philippe Vaurès-Santamaria : pp. 25, 155, 211 ; © Bob Norris : pp. 27, 29, 31, 33, 83, 145, 147, 149, 151, 153, 157, 169, 171, 181, 185, 189, 207, 209, 215 ; © Alexandra Duca : pp. 75, 77, 79, 81, 159, 173, 177, 213, 269, 287, 289 ; © Jean-Baptiste Pellerin : pp. 89, 91, 93, 95, 97, 99, 101, 103, 105, 107, 109, 111, 113, 115, 117, 119, 121, 123, 125, 127, 129, 131, 239, 241, 243, 245, 247, 249 ; © Thomas Dhellemmes : pp. 175, ; © Pierre-Louis Viel : pp. 179 ; © Natacha Nikouline : pp. 261, 275, 293 ; © Yves Bagros : p. 263 ; © Denys Clément : pp. 265 ; © Stéphane Ruchaud : pp. 267 ; © Rina Nurra : pp. 279 ; © Nathanaël Turpin-Griset : pp. 17, 291.

Cet ouvrage reprend des recettes des titres *Cuisine de l'étudiant*, *Recettes pour enfants*, *Cakes, tartes et salades* et *365 menus*, parus dans la collection Bon app' parus aux Éditions Hachette Pratique.

Direction : Catherine Saunier-Talec
Direction éditoriale : Pierre-Jean Furet
Responsable éditoriale : Anne Vallet
Collaboration rédactionnelle : Thomas Feller, Catherine Moreau, Philippe Mérel, Maya Barakat-Nuq
Conception de la maquette intérieure : Marie Carette
Conception et réalisation de la couverture : M2D2
Réalisation : Les Paoistes
Fabrication : Amélie Latsch
Responsable partenariats : Sophie Morier au 01 43 92 36 82

© 2012, HACHETTE LIVRE (Hachette Pratique)
Dépôt légal : janvier 2012
23-05-0654-01-6
ISBN : 978-2-01-230654-7

Imprimé en Italie par Europrinting S.p.A. - Casarile (MI)

Pour trouver le meilleur vin qui accompagnera chacune des recettes de ce livre et savoir comment le servir, rendez-vous sur Hachette-vins.com. Le site de référence.

HACHETTE VINS.com